Justicia Restaurativa, mucho más que mediación

Justicia Restaurativa, mucho más que mediación

SELECCIÓN DE ARTÍCULOS SOBRE JUSTICIA RESTAURATIVA Y TEMAS RELACIONADOS.

VIRGINIA DOMINGO

Criminología y Justicia (ed.) •
Escrito, editado y maquetado entre Burgos, Barcelona y Palma de
Mallorca. Selección, edición y presentación de David Buil Gil. Prólogo
de Howard Zehr, padre de la Justicia Restaurativa

Contenido

Prólogo
Howard Zehr   ix

Agradecimientos de la autora   xi

Presentación
David Buil Gil   1

Justicia Restaurativa: una primera aproximación

Nota del editor   5

¿Qué es la justicia restaurativa?   7

El objetivo de la justicia restaurativa no es la agilización de los
juzgados   19

Una vez más: justicia restaurativa no es solo mediación   22

Mitos y verdades sobre la tan de "moda" justicia restaurativa   28

Aplicación de la justicia restaurativa

Nota del editor   38

¿Es posible la reinserción, incluso después de cometer un delito
muy grave?   40

Procesos restaurativos como mediación penal en delitos serios: terrorismo 46

Justicia restaurativa en delitos contra la seguridad vial 51

Mediación en violencia de género: NO. Justicia restaurativa y mediación penal: SÍ 58

Cuando la justicia no es restaurativa

Nota del editor 65

Penas más duras: no es la panacea para las víctimas de delitos ni para la sociedad 67

El castigo que no restaura: la pena de muerte 74

¿Es justo que el preso más antiguo de España sea un infractor condenado por delitos menos graves? 80

La reparación del delito en las víctimas

Nota del editor 84

¿Por qué la justicia restaurativa ayuda a las víctimas? 86

¿Satisface la actual justicia penal las necesidades de las víctimas? 91

¿Cómo conjugar los derechos y necesidades de las víctimas con los de los infractores? 98

Víctimas y medios de comunicación, una relación complicada

Nota del editor 104

¿Dónde está el límite? 106

Proliferación de juicios "mediáticos" que no benefician a las
víctimas   109

La mejor prevención del delito: la educación

Nota del editor   115

La eduación como medida para la prevención de delitos y
conductas violentas   117

"Algo mal estaremos haciendo..."   122

Justicia y sociedad en España

Nota del editor   127

¿Somos tan punitivos como parecemos?   129

Acerca de cómo las personas solo se ponen de acuerdo en que no
hay justicia   132

Justicia y política en España

Nota del editor   136

Cuando los políticos solo nos "venden humo"   138

Mis deseos para una nueva justicia en el 2012   142

Actualidad española

Nota del editor   148

¿El pueblo "soberano" está hablando?   150

¿El fin justifica los medios?...solo si soy político y quiero publicidad
                                                            153

Actualidad internacional

Nota del editor   159

¡A los leones!   160

Justicia penal con enfoque restaurativo en casos como el de Boston
         163

Sobre la autora   169

Howard Zehr

Prólogo

La Justicia Restaurativa es a menuda considerada como un conjunto de prácticas, un enfoque práctico de los temas de justicia, y de hecho es todo eso. Sin embargo, lo más importantes es que, la justicia restaurativa es una lente para observar las situaciones que involucran cuestiones de justicia. Es una manera de reformular la justicia que puede traer nuevas ideas y enfoques a las situaciones de daño y de injusticia. También es un aviso de los valores clave que son importantes para nosotros, ya que buscamos convivir en sociedad. Para mí, estos son sobre todo valores como el respeto, la responsabilidad y la forma de relacionarse.

Virginia Domingo es una profesional de la Justicia Restaurativa con experiencia, así como profesora y escritora y ha sido reconocida por la Unión Europea por su promoción de la Justicia Restaurativa A través de su blog semanal, ella ha estado llevando esta lente de la Justicia Restaurativa y sus puntos de vista a temas actuales y acontecimientos de nuestra sociedad. Los blogs son una maravilla, ya que están inmediatamente disponibles para los lectores internacionales. Sin embargo, una vez que ya no son nuevos, a menudo se hunden en la oscuridad y se pasan por alto. Afortunadamente, este libro consolida y pone a disposición de todos, lo mejor de las reflexiones de Virginia Domingo sobre la Justicia Restaurativa escritas en su blog. Esta valiosa colección de ensayos será de interés para cualquier persona que crea en la justicia

Howard Zehr es conocido por ser el padre de la Justicia Restaurativa

Restorative justice is often thought of as a set of practices, a practical approach to justice issues, and indeed it is all that. More importantly, however, restorative justice is a lens for viewing situations that involve justice issues. It is a way of reframing justice that can bring new insights and approaches to situations of harm and injustice. It is also a reminder of key values that are important to us as we seek to live together in society. For me, these especially include values such as respect, responsibility and relationships.

Virginia Domingo is an experienced restorative justice practitioner as well as a trainer and commentator and has been recognized by the European Union for her restorative justice advocacy. Through her weekly blog, she has been bringing this restorative justice lens and her insights to bear on contemporary issues and events in our society. Blogs are wonderful in that they are instantly available to readers internationally. Once they are no longer new, though, they often sink into obscurity and are overlooked. Fortunately, this book consolidates and makes available the best of Virginia Domingo's thoughtful blogs on restorative justice.

This valuable collection of essays will be of interest to anyone who thinks about justice

Howard Zehr, known as the grandfather of Restorative Justice

Agradecimientos de la autora

"Si vas por un camino y te encuentras con un muro, ¿qué harías?: dar la vuelta o buscar un camino alternativo." A esta sencilla pregunta yo contesté, hace ya un montón de años, que saltaría el muro. Algo que parecía una respuesta no válida, pero que realmente es lo que haría y hago frecuentemente, y lo que creo que todos hacemos cuando día a día nos enfrentamos a los retos cotidianos que la vida nos pone.

Y esto es lo que ha guiado todos estos años mi camino hacia la Justicia Restaurativa, y es que cuando uno empieza algo nuevo, corre muchos riesgos pero también da muchas alegrías el tener la confianza de que se está luchando por algo muy beneficioso para todos los ciudadanos, especialmente los más vulnerables: los que sufren un delito.

Lo que ahora es casi una realidad y es un concepto del que todos quieren hablar hace unos años era una cosa tan desconocida como complicada de entender, por eso tengo que agradecer a todos aquellos que me han ayudado a cumplir mi sueño de buscar un mundo más restaurativo. Sé que seguramente me deje algún nombre pero debo agradecer a ciertas personas, dejando claro que ni son todos los que están, ni están todos los que son. Mi más sincero agradecimiento para Fernando Mena y Manuel Martin-Granizo, teniente fiscal de la comunidad en el año 2006 y fiscal Superior de la Comunidad desde ese año hasta la actualidad, porque cuando acudí a ellos no pensaron que estaba loca y creyeron en el proyecto, y especialmente a Manuel, sin cuya intervención nunca podría haber hecho realidad el Servicio de mediación penal de Castilla y León (Amepax). Por supuesto que el apoyo de José Luis Concepción, Presidente del Tribunal Superior de Justicia de Castilla y León, fue y ha sido clave para no desfallecer en este largo camino. Otras dos personas claves, han sido mi buen amigo Manuel Fuentes, mi asesor personal y al que le debo un importante apoyo moral y técnico, al igual que a mi pobre marido, el cual ya sabe de Justicia Restaurativa más que yo. Los fiscales y jueces que colaboran con nosotros son importantísimos porque sin su labor desinteresada lo que parecía algo demasiado utópico no se hubiera hecho realidad. Víctor Herrero, quién ha contribuido a que pueda profundizar y trabajar un poquito más en lo que tanto me gusta, Justicia Restaurativa para un mundo más justo. Mi buena amiga Lisa Rea, un apoyo moral en la distancia y con la que pronto espero hacer grandes cosas a nivel internacional. Por supuesto que gran parte de mi agradecimiento se lo lleva José Manuel Servera porque me ha dado la oportunidad de poder escribir y dar a conocer qué es y no es esta justicia, algo esencial para que la Justicia restaurativa sea conocida y aceptada, además gracias a él me he curado la espinita de ser una periodista que acabó estudiando derecho. Y mi gran agradecimiento a quién ha hecho realidad este libro David Buil, realmente es un honor que alguien dedique su tiempo a mis humildes escritos sobre Justicia Restaurativa.

Todas estas personas y muchas otras han hecho posible que a pesar de los sinsabores y de los momentos de duda, haya continuado trabajando por un mundo más restaurativo. Sin embargo, debo llegados este punto, hacer una mención especial a todos aquellos que han supuesto un obstáculo y han querido hacer todo lo posible para que desistiera de trabajar en Justicia

Restaurativa, a todos ellos quiero darles mi más sincero agradecimiento porque gracias a ellos soy más fuerte y mis ideales se han visto reforzados.

No daré en este caso nombres, porque resultaría un tanto complicado pero estoy segura que muchos que lean esto enseguida se sentirán identificados, por eso quiero dar las gracias a los que han intentado ponerme obstáculos en el camino, a los que han querido deshacerse de mí y continuar mi camino sin mí, a los que me han utilizado y mentido, queriendo copiar mi camino, a los que sin saber por qué han hecho todo lo posible para que dejara de trabajar en Justicia Restaurativa, a los que me prometieron la Luna y solo me dieron calabazas y a los que jamás han comprendido lo que hacía y han pensado que estaba perdiendo mi tiempo y dinero. A todos ellos, gracias porque son los que han hecho posible que una y otra vez me levantará con más fuerza y con más ganas de trabajar por y para las víctimas y para lograr una justicia restaurativa que logre satisfacer las necesidades de las personas que acuden a ella.

Espero que este libro que pretende ser una reflexión sobre hacia donde caminar para lograr no solo una justicia sino también un mundo más restaurativo, os guste y os resulte inspirador.

Virginia Domingo de la Fuente.

David Buil Gil

Presentación

Son muchos los que se han preguntado, desde el inicio de nuestra civilización, qué es la justicia. Ya los filósofos de la Antigua Grecia teorizaban sobre dicho concepto; y no es casual que buena parte de las obras literarias más importantes de la época traten en algún momento qué es la justicia y, aún más importante, cómo debe ser. Dicho estudio, convertido en debate, ha continuado inquietando a pensadores de todos los tiempos, hasta llegar a nuestros días.

En la época actual, una serie de autores, preocupados al observar que la Justicia no lograba alcanzar sus aspiraciones, se han preguntado cómo ésta debería ser y, por ende, como no debe ser. Es así como nace una corriente de juristas que consideran necesaria una reformulación de algunos postulados del ordenamiento jurídico: la Justicia debe apartarse de la retribución para acercase a la restauración. Se plantea la necesidad de un cambio de paradigma, de una Justicia Restaurativa.

Esta corriente innovadora ha sido impulsada por autores de diferentes países, y quien ha tenido un mayor protagonismo en España ha sido sin duda Virginia Domingo. Licenciada en Derecho por la Universidad de Burgos, asegura ser una "periodista frustrada". La abogacía y el dominio de la escritura han resultado imprescindibles para hacer de ella una persona con inquietudes sociales que plasma a la perfección sus reflexiones sobre el papel. Con casi 120 publicaciones en la revista digital *Criminología y*

Justicia, y otras tantas en el blog *Justicia Restaurativa por Virginia Domingo*, la *Revista de Justicia Restaurativa* de la Sociedad Científica de Justicia Restaurativa y la página *Criminología y Criminalística*, se ha erigido como la defensora por excelencia de la Justicia Restaurativa en España. Se puede destacar de su larga carrera que fue juez sustituta entre 2003 y 2011, y que actualmente trabaja como coordinadora del *Servicio de Mediación Penal de Castilla y León*, en Burgos, y colabora con la Fiscalía de Castilla y León por la difusión y el trabajo en Justicia Restaurativa y mediación penal. Además, es presidenta de la *Sociedad Científica de Justicia Restaurativa*, miembro del Comité de investigación del *Foro Europeo de Justicia Restaurativa*, componente de la Asociación *Restorative Justice Internacional*, y forma parte del Consejo Editorial de *Criminología y Justicia*.

Durante más de dos años, Virginia Domingo ha venido publicando sus artículos de forma periódica en la revista *Criminología y Justicia*, dando a conocer la Justicia Restaurativa y velando por una mejora del sistema de Justicia en España. La presente antología pone al alcance de un público más amplio su rica y extensa obra, y permite reconocer su esfuerzo en la mejora de un ámbito que afecta a todos y cada uno de los ciudadanos del Estado. La colección está formada un total de 26 artículos, distribuidos en diez temas, que permiten a los cultivados en el mundo jurídico profundizar y reflexionar sobre la Justicia Restaurativa y temas relacionados; y a aquellos más ajenos a todo este "mundillo" introducirse en los fundamentos teóricos de la Justicia Restaurativa y sus posibilidades prácticas. Asimismo, también aparecen artículos de opinión en los que se reflexiona sobre la relación entre víctimas y sociedad, justicia y sociedad, justicia y política; e incluso algunos sobre temas de actualidad, siempre analizados desde el punto de vista de una experta en Justicia Restaurativa.

De ahora en adelante, cada tema irá precedido de una breve presentación del editor, siempre en letra cursiva.

Me gustaría agradecer, antes del inicio de los capítulos, a Virginia Domingo y a Jose Manuel Servera la confianza que han tenido conmigo brindándome la oportunidad de editar el presente libro. Y también dedicar un pequeño pero muy sentido agradecimiento a mis tíos Anna y Miquel, a mis padres, y a hermana, quienes me han ayudado siempre que lo he necesitado.

David Buil Gil.

Justicia Restaurativa: una primera aproximación

Nota del editor

*Un libro que trata, en su mayor parte, sobre Justicia Restaurativa
debe empezar, como resulta de orden lógico, especificando las
coordenadas básicas de esta corriente jurídica. Para ello, se han
seleccionado cuatro artículos, escritos entre los años 2011 y 2013, en
los que se va más allá de una simple descripción conceptual, se ofrece
una explicación en profundidad sobre qué es y qué no la Justicia
Restaurativa, que permite a todo lector comprender e interiorizar sus
principales fundamentos.*

*Tal como se desprende del título del capítulo, se trata de una
primera aproximación a todo lo que se desarrollará posteriormente,
pero sin duda un acercamiento necesario.*

*En efecto, en el presente capítulo se analizará qué es la Justicia
Restaurativa, siempre en contraposición a la tradicional Justicia
Retributiva; cuáles son sus objetivos, orígenes, pilares y
características; cómo son los procesos restaurativos, y cuál es el papel
de víctimas e infractores en ellos; se desmentirán los falsos mitos
sobre la Justicia Restaurativa; y se explicará la relación que la
mediación penal guarda con ella.*

*El primer artículo, cuyo título es "¿Qué es la Justicia
Restaurativa?", será la base desde la que el lector comprenderá los*

principales conceptos relevantes en Justicia Restaurativa, los cuales se repetirán y aplicarán a lo largo de los siguientes artículos. También conviene destacar la importancia de "Mitos y verdades sobre la tan de "moda" Justicia Restaurativa", en el que la autora parte de un artículo con el que se muestra disconforme para aclarar conceptos usados normalmente de forma errónea al tratar sobre Justicia Restaurativa.

¿Qué es la justicia restaurativa?

Criminología y Justicia, 21 Mayo 2011

¿La justicia penal tradicional en la actualidad?

Actualmente cada vez que un delito grave ocurre, se abre un nuevo debate en la sociedad acerca de la necesidad de endurecer las penas, como si esto fuera la "panacea" de todos los problemas.

El castigo al culpable se ha convertido en una autentica obsesión social, saciando la "sed de venganza" del estado y en menor medida la de la comunidad.

Sin embargo, a pesar del rigorismo de las sanciones, la realidad muestra alta tasa de reincidencia y escasa contención de los delincuentes ante las penas incluso más duras. Además, las víctimas de los delitos experimentan una frecuente desilusión con el sistema de justicia penal. Esta justicia parte de la base de que el delito supone una violación de la norma, la justicia representa al gobierno y castiga al delincuente por el delito, y la víctima no es más que un mero testigo. Pocas personas se preocupan de si la víctima se siente amparada, por el sistema de justicia penal o de si el castigo es el único objetivo primordial.

Esta justicia es la justicia retributiva y es la base de nuestros sistemas tradicionales de justicia.

Aproximación al concepto de justicia restaurativa

La Justicia Restaurativa en su dimensión estricta, referida al sistema de justicia penal es definida por las Naciones Unidas como una respuesta evolucionada al crimen que respeta la dignidad y equidad de cada persona, construye comprensión y promueve armonía social a través de la "sanación" de la víctima, infractor y comunidad.

Para entender esta dimensión de la Justicia Restaurativa y obtener la mejor visión, lo más conveniente es contraponer la actual Justicia Retributiva a esta Justicia Restaurativa:

• La Justicia Retributiva centra su análisis en la violación de la norma.

La Justicia Restaurativa se centra en la vulneración de las relaciones entre las personas, en el daño que se las ha causado.

• La Justicia Retributiva muy en la línea con lo que decía Christie al afirmar que el estado se queda con la propiedad del conflicto, intenta defender la norma vulnerada y decidir de acuerdo a esto, el castigo y la culpa. El estado asume como propio el delito y deja al margen a la víctima, considerando el hecho como algo de él, frente al infractor.

La Justicia Restaurativa por el contrario trata de defender a la víctima al determinar qué daño ha sufrido y qué debe hacer el infractor para compensar el daño ocasionado.

• Con la Justicia Retributiva, el estado busca como castigo a la vulneración de la norma creada por él mismo y también como afrenta personal que este infractor sea separado de la comunidad a través de la privación de libertad.

La Justicia Restaurativa busca alternativas a la prisión, o al menos la disminución de la estancia en ella a través de la reconciliación, restauración de la armonía de la convivencia humana y la paz.

• La Justicia Retributiva debe defender la autoridad de la ley y castigar a los infractores.

La Justicia Restaurativa reúne a victimas e infractores en una búsqueda de soluciones.

• La Justicia Retributiva mide cuanto castigo fue infringido.

La Justicia Restaurativa mide cuantos daños son reparados o prevenidos.

La base del **sistema de justicia retributivo es que el delito supone una violación de la norma, la justicia representa al gobierno y castiga al infractor por el hecho delictivo cometido**.

Sus **objetivos principales son**:

1. Pena merecida por el infractor

2. Privación de la capacidad de seguir cometiendo delitos

3. Disuasión de cometer otras infracciones.

Según Howard Zehr hay tres preguntas esenciales en la justicia tradicional retributiva:

¿Qué norma ha sido vulnerada?

¿Quién lo ha hecho?

¿Qué castigo merecen los autores?

Las dos primeras preguntas son respondidas cuando el acusado se declara culpable o es declarado culpable en el juicio.

La última se resuelve por los órganos judiciales de acuerdo con las normas escritas de cada país.

La Justicia Restaurativa, por el contrario, parte de la premisa de que los delitos causan un daño al bien común y por eso se sancionan en las normas. Cuando un delito ocurre, hay un daño a la víctima, comunidades e incluso infractores.

El **objetivo de la justicia restaurativa** se centra en:

1. Reparación de la víctima (porque nos ocupamos del daño causado por la ofensa)

2. Reintegración de la víctima e infractor (porque deseamos un futuro con menos delitos, en el que se pueda vivir en paz y armonía). En este sentido, y como dice Braithwaite, la Justicia Restaurativa puede ser un proceso constructivo y preventivo en el que se obtiene un compromiso mucho más autentico de hacer las cosas necesarias para impedir que se produzca otro delito de este tipo en el futuro, gracias al grado de intimidad en la conversación que reúne a los afectados por el delito. La Justicia Restaurativa debe llevar al remordimiento.

Esta Justicia Restaurativa se centra en estas preguntas:

¿Quién fue dañado?

¿Cuáles son las necesidades del dañado?

¿Quién tiene la obligación de satisfacer estas necesidades?

La primera pregunta va más allá de si una norma ha sido vulnerada llegando al punto de ver cuánto daño se ha causado. La segunda traslada el foco de atención del acusado a las personas dañadas (víctimas) y la tercera reitera la oportunidad del infractor de asumir su responsabilidad por el daño y repararlo. Una respuesta justa hace cosas correctas.

En definitiva la justicia restaurativa puede ser definida como un proceso a través del cual las partes afectadas por una infracción específica, resuelven colectivamente como reaccionar tras aquella y sus implicaciones para el futuro

Origen de esta forma de ver la justicia

Es muy difícil determinar exactamente el momento o el lugar en que se originó. Lo que sí es seguro, es que las formas tradicionales y autóctonas de Justicia consideraban fundamentalmente que el delito era un daño que se hacía a las personas y que la Justicia restablecía la armonía social ayudando a las víctimas, los delincuentes y las comunidades a cicatrizar las heridas. Esta idea de justicia es más bien la que existía en la antigüedad y que hemos perdido con la evolución de los tiempos, y así el delito era definido como un daño al individuo y por ejemplo el código de Hammurabi establecía como sanción a los delitos contra la propiedad, la restitución de lo sustraído.

Y es que realmente la idea de **la Justicia Restaurativa no es algo novedoso sino que está enraizada en nuestra cultura y tradiciones** así como en las religiones, de hecho la Biblia está repleta de referencias indirectas a esta forma de ver la justicia, así Lucas 19.8 "Zaqueo se levantó entonces y dijo al señor: Mira Señor, voy a dar a los pobres la mitad de todo lo que tengo y si he robado a alguien le devolveré cuatro veces más".

Son en los pueblos indígenas y aborígenes de ciertos países, como Australia, Nueva Zelanda, Estados Unidos y Canadá donde se habían venido practicando ciertos modos de Justicia Restaurativa, los cuales, se han ido adaptando al devenir de los tiempos dando lugar a ejemplos como los Tratados de Paz y

Círculos de Sentencia, tomados de la esencia tradicional de estos pueblos nativos.

Hacía el 1974, la primera Corte que ordenó una sentencia de Justicia Restaurativa fue realizada en Kitchener, Ontario. Dos jóvenes, capturados tras una parranda vandálica que dejó 22 propiedades dañadas, lo hicieron y gradualmente pudieron restituir el daño que habían causado.

El éxito de este caso permitió el establecimiento del primer programa de Justicia Restaurativa, en Kitchener, conocido como Programa de Reconciliación entre víctima y ofensores (Howard Zehr)[1]. En Elkhart, Indiana el programa fue iniciado en pequeña escala en 1977-1978 por agentes de la libertad condicional que habían aprendido del modelo de Ontario. Para 1979 este programa se había convertido en la base de una organización no lucrativa llamada "el centro para Justicia Comunitaria".

Programas similares están funcionando en Inglaterra, Alemania y otros lugares de Europa, por supuesto con muy diferente variedad de formas para hacerlo.

Características que deben reunir los procesos restaurativos

Existen diferentes herramientas para poner en práctica la justicia restaurativa, sea cual fuere la herramienta (mediación penal, conferencias o círculos restaurativos) estas deben reunir unas características para que sean consideradas restaurativas:

1. Se debe ofrecer una *oportunidad para el encuentro*

2. Se debe poner *énfasis en la reparación del daño*.

Algunos daños no podrán ser reparados pero pueden hacerse cosas para que si bien no se repara el daño, se puede aminorar o bien proporcionar una satisfacción moral, como por ejemplo: las disculpas, acciones que hagan ver a la víctima que será difícil que se vuelva a cometer un nuevo delito...

3. Se debe tener como objetivo primordial *reintegrar a la víctima y al infractor.* Víctima e infractor necesitaran ayuda en su esfuerzo por reintegrarse de nuevo en la sociedad como un miembro más. El infractor necesitará ayuda para cambiar su comportamiento, y aceptar que la reparación es una prestación socialmente constructiva. La víctima necesitará asistencia para recuperarse del delito.

4. Se debe posibilitarla *inclusión de la víctima y del infractor* en todos los procesos restaurativos. Aunque la víctima no quiera participar en un proceso restaurativo se la pueden ofrecer otros cauces como por ejemplo estar representada por un tercero.

Estas características coinciden en la esencia con una serie de pilares básicos:

• **Compensación**, este pilar cuadra totalmente con la segunda característica: poner énfasis en la reparación del daño. Esta reparación o compensación puede ser muy variada por ejemplo: disculpas, devolver lo robado, no volver a hacer algo... Esto implica hacer frente a los daños y precisamente por esto se está reconociendo la responsabilidad en el hecho delictivo.

• **Reintegración**, este coincide con la característica que pone su objetivo en reintegrar a la víctima y al infractor.

Ambas partes necesitan despojarse de su "rol" tanto de víctima como de infractor y volver a la comunidad como un miembro productivo. La víctima necesitan superar el trauma del delito y el infractor convertirse en un ciudadano de bien, apartado del delito.

- **Encuentro**, este pilar encaja con la característica que resalta el hecho de que se debe dar una oportunidad a ambas partes para el encuentro. Generalmente se valorara la conveniencia o no de un encuentro cara a cara sino es posible el mediador o facilitador actuará de puente entre ambos.

Las personas necesitan implicarse y pueden y deben implicarse en un hecho que les afecta tan directamente como es el delito.

- **Participación**, este es semejante a la característica que habla de posibilitar la inclusión de víctima e infractor en los procesos restaurativos. El reconocimiento del delito es muy importante, se quiere que los infractores hablen, lo mismo la víctima, ambos deben participar para saber lo que están sintiendo.

Juntos víctima y ofensor pueden abordar alternativas de solución que no estén contempladas, se puede analizar la compensación (compromiso de pagar cierto dinero, ayudar en su trabajo...), reintegración (se evita o se reduce el tiempo de cárcel, se ponen condiciones para el acuerdo, se ven necesidades mutuas y se ayuda a otras víctimas). Lo importantes es que se piensa en las victimas como nunca se ha hecho.

Mediación penal como herramienta de justicia restaurativa

La mediación penal es sin duda, la herramienta restaurativa más conocida y la más aplicada aunque en la actualidad cada vez más se tiende a explorar la utilización de otras herramientas como las conferencias restaurativas. **Es un procedimiento que tiene por objeto la reparación y compensación de las consecuencias del hecho delictivo, mediante una prestación voluntaria del**

autor a favor del ofendido o la víctima y cuando no sea posible realizarlo ante el ofendido se llevará a cabo ante la comunidad.

Se intenta, a través de esta mediación rescatar la confianza, credibilidad y eficacia basada en la apertura hacia la diversidad, conscientes de que la justicia y la paz social se pueden alcanzar por vías complementarias a la contienda judicial o litigio, en el entendido de que la garantía de impartición de justicia no se limita a la emisión de sentencias, como quizá muchos ciudadanos creen.

Es un proceso voluntario, gratuito, confidencial, alternativo o complementario al sistema de justicia tradicional, con intervención de un tercero imparcial, economía de tiempo y esfuerzo ya que supone agilizar el proceso, informal pero con estructura y no se pierden derechos (las partes siempre tienen abierta la vía judicial y en cualquier momento pueden desistir de la mediación penal)

Otros definen la mediación en materia penal como un proceso que provee una oportunidad a la víctima interesada de reunirse con el infractor en un escenario seguro y estructurado, enfrentándose en una discusión del delito con la asistencia de un mediador. Ambos conversan sobre el incidente, la victima puede hacer preguntas y recibir información además de expresar sus sentimientos. Las víctimas obtienen una sensación de cierre con respecto al incidente de liberar su ira y otras emociones.

Los infractores consiguen ver a sus víctimas como personas y no sólo como objetos aleatorios, tienen la oportunidad de responsabilizarse, reducir la vergüenza dañina y hacer la restitución. El mediador se reúne individualmente con cada uno, antes de la sesión conjunta, les explica el proceso, analiza las posibilidades de desarrollar el espacio de cada parte, prepara a cada uno en el uso efectivo de la comunicación, aclara presunciones y expectativas.

Asimismo, *la recomendación R99, 19 del Comité de ministros del Consejo de Europa, septiembre de 1999. Define mediación penal como "todo proceso que permite a la víctima y al delincuente participar activamente si lo consienten libremente, en la solución de las dificultades resultantes del delito con la ayuda de un tercero independiente (mediador).*

Existe multitud de normativa europea e internacional que de forma directa o indirecta, anima a los países a la incorporación de programas de justicia restaurativa, con especial referencia a la mediación penal. El hito a destacar es el año 2001 con la decisión Marco del Consejo de la Unión Europea (2001/220/JAI) relativa al estatuto de la víctima en el proceso penal, ésta en su artículo 10 establece" que los estados miembros procuraran impulsar la mediación en causas penales y velaran porque pueda tomarse todo acuerdo entre victima e infractor con motivo de la mediación" además fija un plazo para que los estados pongan en vigor las disposiciones necesarias para dar cumplimiento a lo estipulado sin que pueda exceder del 22 de marzo de 2006.

Con respecto a esta normativa especialmente europea, se puede comentar lo siguiente:

Efectivamente se ha tratado durante bastante tiempo de dar un impulso a programas restaurativos con especial referencia a la mediación penal, aunque quizá fuera algo poco adecuado hablar de mediación penal en lugar de programas restaurativos, para así dar cabida de forma genérica a toda clase de herramientas restaurativas y no solo la mediación en materia penal.

Lo más lógico hubiese sido recomendar la incorporación de programas de justicia restaurativa, dejando en cada caso que la tradición, cultura, circunstancias del caso y de las personas decidan la balanza hacia una u otra herramienta.

No obstante estas referencias indirectas en algunos casos y directas en otros a la mediación penal en el ámbito de la Unión

Europea supusieron un gran avance y un punto de partida para países como España, donde aun no hay regulación legal pero se utiliza lo que la legislación nos permite para poner en marcha servicios de mediación penal como el de la ciudad de Burgos. En España nos queda un largo camino por recorrer sin embargo, la justicia restaurativa es una demanda necesaria para dar a la víctima el papel y el protagonismo que la corresponde por derecho.

Bibliografía

ROXIN, C, "La reparación en el sistema jurídico penal de sanciones". Jornadas sobre la reforma del derecho penal en Alemania. ed., cuadernos del consejo general del poder judicial. Madrid 1991, pp. 119 y ss.

ZEHR, Howard, El pequeño libro de la Justicia Restaurativa, Intercouse PA, Good Books. 2007

DEL VAL, TERESA M. "Mediación en materia penal" ¿la mediación previene el delito?. Segunda edición. 2009. Editorial Universidad.

Amstuz, L & Zehr, H Victimas/ ofensores, sistema de Justicia Juvenil, conferencia en Pensilvania. Universidad Menonita. 1997

BARUCH BUSH, R.A. Y FOLGER, J.P "La promesa de mediación. Cómo afrontar el conflicto a través del fortalecimiento propio y el reconocimiento de los otros". Granica, Barcelona 1996

QUERALT JIMENEZ,J "Victimas y garantías: algunos cabos sueltos. A propósito del proyecto alternativo de reparación" Anuario de derecho penal y Ciencias penales, T. XLIX fascículo I, 1996, pp. 342 y ss

EIRAS NORDENSTAHL, ULF CHRISTIAN, "Mediación penal de la práctica a la teoría" Ed. Librería histórica. 2005. Argentina

DOMINGO DE LA FUENTE, VIRGINIA "La reparación como vía para aplicar la mediación penal y justicia restaurativa en nuestro derecho". nº 00/2006/3970

DOMINGO DE LA FUENTE, VIRGINIA "Presente y futuro de la Mediación Penal y Justicia Restaurativa en España". nº 00/2010/681

ITURBE, MO, "La nueva víctimología: nuevo enfoque criminológico de la víctima del delito". Revista Penal y Penitenciaria, Madrid 1958, pp. 199 y ss.

MEMORIAS DEL SERVICIO DE MEDIACIÓN PENAL DE CASTILLA Y LEÓN (BURGOS). Año 2007, 2008,2009 y 2010. Web del Tribunal Superior de Justicia de Castilla y león (Burgos)

El objetivo de la justicia restaurativa no es la agilización de los juzgados

Justicia Restaurativa por Virginia Domingo, 24 Junio 2013

Me gusta mucho leer a Nils Christie, de hecho hace un año tuve la oportunidad de entrevistarlo, además de escuchar una de sus charlas, y es que Nils hace ya mucho tiempo que advirtió que el estado roba el conflicto a los ciudadanos y en concreto, con la justicia penal se apropia del delito como si la única y verdadera víctima fuera él. Y esto ocurre sistemáticamente y sino **¿por qué la víctima es por defecto en el juicio sobre el daño que sufrió, un mero testigo? y lo que es más triste todavía ¿por qué el objetivo primordial y principal es la pena a imponer**

al infractor, si finalmente fuera declarado culpable y sólo después, trata la reparación del daño a la víctima? Pues porque como el estado se queda con el delito, se autoproclama víctima principal y por eso, la reparación o mitigación del daño por haber vulnerado una norma creada por él, es la pena señalada, sin priorizar en lo más importante, atender a las verdaderas víctimas, las que sufrieron el delito y sus consecuencias.

Por eso, creo que la **Justicia Restaurativa se presenta como una necesidad natural de potenciar el papel de las víctimas, de devolverlas el protagonismo que merecen y qué necesitan para empezar el camino hacia la superación del delito**. Sin embargo, como suele ocurrir muy a menudo, el riesgo de algo que se plantea como novedoso surge con los que se suben al "barco" pero no para defender sus bondades, sino para apropiarse sus beneficios, una vez más en detrimento de las víctimas. ¿A qué me refiero?

Muy fácil, algunos operadores jurídicos y autoridades, una y otra vez, no se cansan de "vender" la mediación penal y por ende la justicia restaurativa como una forma de agilizar la justicia, y esto es de nuevo, una manera de apropiación, no ya del delito sino de los efectos positivos y beneficios que la justicia restaurativa ofrece a las víctimas. Por más que se empeñen, el objetivo de la justicia restaurativa no es agilizar los juzgados, y no es una institución que esté a su servicio y para su beneficio, **esta justicia nace por y para las víctimas, y el fin principal es cambiar el orden de prioridad de la justicia penal, primero procurar la reparación o compensación de las víctimas e intentar que sus necesidades se vean atendidas.** Si agilizan o no los juzgados no es una prioridad, por cuanto en algunos casos puede que sí ocurra pero en muchos otros será todo lo contrario, pues habrá víctimas que necesitarán más tiempo para decidir si quieren participar en un proceso restaurativo, y por eso nuestro deber es darlas la oportunidad de reflexionar aunque esto signifique una demora de tiempo.

Me gustaría de una vez por todas, que los que hablan de justicia restaurativa, lo hagan bien sin equivocar a la prensa y al público en general porque esto, al fin y al cabo, repercute de forma negativa en los que nos dedicamos a esta justicia y necesitamos que se regule de la mejor manera por el bien de la sociedad y de los que son o serán víctimas de cualquier delito.

Una vez más: justicia restaurativa no es solo mediación

Criminología y Justicia, 13 Noviembre 2012

"El vicepresidente del Consejo General del Poder Judicial, Fernando de la Rosa ha afirmado que la mediación es una de las soluciones que tiene la justicia y cree que hay que apoyar desde todos los ámbitos porque supone una alternativa a la judicialización de los asuntos.

El Consejero de Presidencia de la Rioja, Emilio del Río, ha felicitado a la Universidad de la Rioja por una jornada de mediación y ha indicado que la mediación es una forma de evitar que exista la litigiosidad tan alta que cree que existe en España"

He hablado tantas veces de esto que quiero creer que la ignorancia es la que hace que algunos teóricamente expertos "metan en el mismo saco" la mediación penal con otras mediaciones, aunque no descarto que en algunos casos sean las ganas de protagonismo. Este protagonismo no importaría, si por lo menos tuvieran los conceptos claros porque transmitir a la opinión pública, al ciudadano de a pie, que con una herramienta restaurativa como la mediación penal, se va a agilizar la justicia y que es una simple alternativa, es algo muy pobre y tristemente alejado de la realidad **¿Y cuál es el problema?** El problema es asumir que la mediación es igual en el ámbito que sea, bien mercantil, civil, familiar, o por ejemplo hipotecario (que ahora está muy de moda) y esto no es ni por asomo, ni parecido. Con estos artículos en este blog, intento mostrar las muchas oportunidades que la Justicia Restaurativa ofrece a las víctimas y así dar a conocer los verdaderos beneficios.

En muchas ocasiones, he hablado de las diferencias entre mediación y Justicia Restaurativa, **pero es ya hora de que hable de las diferencias, tomando como referencia a Howard Zehr, el padre de la Justicia Restaurativa, este autor ya supo ver en el año 2010 el error que supone que en algunos países europeos como España, se equipare Justicia Restaurativa y Mediación, según él hay unas diferencias básicas:**

·   Con la mediación se asume un cierto equilibrio moral entre las partes. La Justicia Restaurativa tiene en cuenta que las partes son agentes morales o debieran serlo y cierta responsabilidad moral debe compartirse, sin embargo, suele haber un cierto desequilibrio moral que debe explícitamente ser reconocido.

·   Debido a este desequilibrio, el lenguaje típicamente neutral de la mediación es difícil en casos penales, especialmente en delitos serios. Una persona que ha perdido asesinado a un ser querido, y es invitada a participar en un proceso restaurativo, puede encontrar ofensivo la palabra mediación

· Aunque las partes pueden tener cierta responsabilidad en el daño, la Justicia Restaurativa generalmente ofrece un espacio para que el que ha hecho daño lo reconozca, por eso el proceso está diseñado para que el infractor asuma su responsabilidad en el hecho delictivo.

· En la mediación, el mediador es neutral e imparcial, los facilitadores de la Justicia Restaurativa tienen una tarea que según Dave Gustafson es una "parcialidad equilibrada". Los facilitadores de la Justicia Restaurativa no pueden ser neutrales o imparciales con respecto al daño que se ha causado pero si se preocupan y apoyan a todas las partes, por igual.

· En algunos asuntos de mediación, pocos encuentros individuales suelen ser necesarios, sin embargo en los procesos de Justicia Restaurativa, la preparación individual es esencial. La formación en la dinámica del trauma, suele ser importante

· Aunque los enfoques varían, la mediación negocia para identificar y llegar a acuerdos razonables sobre necesidades e intereses mutuos. Mientras la Justicia Restaurativa puede incluir necesidades que abarcan el nivel emocional, comprensión de los sentimientos y la narración de la historia, pasa a ser el centro de atención del proceso.

· La mediación suele centrarse bastante en el resultado. Si bien los acuerdos realistas y viables son importantes en la Justicia Restaurativa, esta justicia se centra más en la relación y el proceso en sí mismo, puede ser tanto o más importante que el resultado.

· La Justicia Restaurativa está basada en unos valores y principios mientras que en la mediación puede suceder pero no siempre. La mediación es fácil de entender en los juzgados y por los ciudadanos en asuntos civiles pero en el ámbito penal la Justicia Restaurativa es mejor entendida.

- **Lo más importante es que la Justicia Restaurativa no es un proceso especifico sino más bien un conjunto de principios rectores y valores, un marco para identificar y abordar los daños y las obligaciones. Es algo más amplio que los diferentes modelos de encuentros específicos.**

Estas son las grandes diferencias que sabiamente Howard Zehr explicó en su blog hace ya unos años. Y **sinceramente estamos de enhorabuena porque la directiva sobre víctimas de crimen de 12 de septiembre de 2012, contempla esta concepción amplia, hablando de servicios de Justicia Reparadora.**

Es algo increíble ver como los teóricamente a favor de la mediación penal, están callados sobre esta nueva directiva que ya ha sustituido la decisión marco del año 2001, incluso algunas instituciones parece que no la conocen o no la quieren conocer. Pero bueno, lo más importante es que por fin **parece que se está escuchando nuestra "voz" y la Justicia Restaurativa va a incorporarse junto con esta directiva, en el estatuto de las víctimas, que muy acertadamente planea el Ministerio de Justicia. ¿Por qué?**

Porque el verdadero objetivo de esta Justicia Reparadora y de cualquiera de sus herramientas como la mediación penal es ayudar a las víctimas, una vez más tengo que recordar que no es una cuestión aleatoria, que los servicios de justicia restaurativa se incluyan en una directiva sobre víctimas, simplemente es porque esta justicia puede suponer una gran ayuda y apoyo para victimas de cualquier delito, por grave que sea. Porque las personas que han sufrido un delito deben contar su historia, superar el trauma y para ello necesitan recuperar el control de su vida, equilibrar el desequilibrio del que habla Howard Zehr, y que existe entre victima e infractor. Y para explicar esta necesidad de recuperar el control de su vida, como forma de recuperar cierta normalidad, nada mejor que citar a **Salman Rushdie**:

"Los que no tienen poder sobre la historia que domina sus vidas, el poder de volver a contarla, repensar sobre ella, deconstruir... y cambiar a medida que cambian los tiempos, realmente no tienen poder porque no pueden pensar en cosas nuevas"

"Those who do not have power over the story that dominates their lives, the power to retell it, rethink it, deconstruct it ... and change it as times change, truly are powerless because they cannot think new thoughts' (Rushdie, 1991)

Esto es lo que necesitan las personas que sufren un delito y la Justicia Restaurativa facilita y apoya, para que se recuperen, por eso **aplaudimos este estatuto de victimas y la justicia reparadora como esencial dentro de él. Los que nunca hemos sido víctimas, probablemente no entendemos bien las palabras de Rushdie, pero las víctimas se sentirán identificadas.**

Sin embargo, hay que dar al Cesar lo que es del Cesar, y por supuesto que **la mediación en otros ámbitos** (si se crea cultura porque si no dará igual) **servirá para agilizar la justicia. Incluso en faltas** (que también afortunadamente pronto desaparecerán del código penal) también suponían una cierta agilización pero es que estos casos, en su mayoría no debería llegar a los juzgados porque no son penales, y **deberían tramitarse directamente a través de mediación pero no penal sino comunitaria. (No suele haber victima e infractor, generalmente son dos personas con problemas de**

convivencia... y ambos han contribuido a generar el problema, no hay desequilibrio)

Si no empezamos a demostrar, explicar y recalcar a las víctimas que la Justicia Restaurativa no está al servicio de jueces y políticos, sino al de ellas, corremos el riesgo que rechacen algo muy positivo y beneficioso para todas, y de esto hay ejemplos en muchos lugares del mundo, eso sí, también hay que dejar claro que es necesario que estos futuros servicios de Justicia Reparadora trabajen en colaboración con los operadores jurídicos, especialmente fiscalía (si por fin, la nueva ley de Enjuiciamiento Criminal, les otorga la facultad de instruir) así como con otros expertos.

Mitos y verdades sobre la tan de "moda" justicia restaurativa

Criminología y Justicia, 12 Septiembre 2012

A propósito del artículo *"la justicia restaurativa ¿quién es la víctima?"*, de nuestro compañero Víctor Manuel Comendador, con el que estoy cordialmente en total desacuerdo, voy a aprovechar esta valiosa oportunidad para clarificar conceptos de lo que es y no es justicia restaurativa y cuáles son sus valores y principios, eliminando algunos mitos, que lastran la efectividad de la Justicia Restaurativa, ya probada en otros países desde principios de los setenta.

La Justicia Restaurativa efectivamente es un paradigma de justicia para responder al delito que se centra en el daño

causado y las acciones requeridas para reparar este daño. Los delitos no sólo vulneran una norma creada por el estado (de ahí que Nils Christie dijera que el estado se apropia del conflicto, por supuesto que una justicia que primero se centra en castigar al delincuente y solo después se da cuenta de que hay una víctima y que puede tener unas necesidades , da que pensar, de que el estado es el primero en creerse víctima), sino que causan un daño a las víctimas y se debe dar al infractor una oportunidad de reparar este daño, en la medida de lo posible, como paso para su asunción de responsabilidad. Sin embargo, **la Justicia Restaurativa no excluye al Estado, simplemente recupera el protagonismo que nunca debió perder la víctima.** Las personas que sufren el daño dejan de ser meros testigos para participar activamente, siendo escuchadas e informadas durante todo el proceso. El infractor va a tener la posibilidad de compensar o reparar el daño que causó, aprendiendo que esto es una prestación socialmente constructiva (ya no se limita a recibir el castigo de forma pasiva, va a tener una participación constructiva y positiva, si es su deseo). No obstante, el Estado siempre es el garante último de los procesos restaurativos y no queda al margen. Es cierto que hay que distinguir entre procesos restaurativos en delitos graves y leves (lo que en España llamamos faltas) Me explico, si aplicamos un proceso de justicia restaurativa con un típico asunto menor (situaciones que para muchos de nosotros, no deberían llegar a los juzgados y menos en forma penal) si las partes llegan a un acuerdo, en este caso un acuerdo más que de reparación, de convivencia y de no agresión, el estado no intervendría en virtud del principio de oportunidad, archivándose la causa, actualmente en España, pocos asuntos se podrían solucionar de esta manera, pero lo que se suele hacer es que las partes no acudan al juicio y el juzgado dicta una sentencia absolutoria. Otra cosa es un proceso de estas características en delitos más graves, siempre y digo siempre, el Estado a través de los Operadores jurídicos va a tener la función de juzgar y ejecutar lo juzgado, pero con un importante cambio de prioridades, primero se va a atender las necesidades de la víctima, qué desea para sentirse reparada (si es que desea algo), va a obtener respuestas y solo después se va a sancionar al delincuente (si es declarado culpable). Y no hace falta acudir a algo fuera de la ley, simplemente como ejemplo **las sentencias de conformidad, a través de la justicia restaurativa van a ser sentencias de conformidad muy cualificadas ¿Por qué?** En lugar de pactar la pena para el infractor, el fiscal y su abogado, excluyendo en la mayoría de las ocasiones a la víctima, lo que se va a hacer es que con esta justicia todos los implicados van a estar de acuerdo y conformes, incluidas las victimas que también habrán sido escuchadas. Reitero una vez más, por si no hubiera quedado claro, que jamás un hecho delictivo grave queda excluido de su sanción y reproche social por parte del estado. **Es por eso incierto que la Justicia Restaurativa sea una justicia privada, solo da protagonismo a los afectados más vulnerables.**

Es cierto que existe en España el atenuante de reparación del daño, por supuesto y además gracias a él, podemos aplicar pequeños programas de justicia restaurativa en España. De hecho, aunque los infractores de delitos más serios reciban su castigo, por el hecho de reparar el daño y participar en un proceso de justicia restaurativa pueden ver reducida su condena en uno o dos grados. Sin embargo en torno a este tema surgen dos problemas añadidos:

La asimilación de Justicia Restaurativa y reparación del daño. La justicia restaurativa en su concepto ideal (más tarde explicaré que justicia restaurativa es algo más que encuentros victimas-infractor) gira en torno a la comunicación entre las partes afectadas por el delito. Mientras que la reparación del daño desde un punto de vista jurídico-penal estricto, intenta armonizar el equilibrio entre las partes a través del pago de una a otra. Esta reparación puede exigirse por un tribunal, sin un proceso de diálogo y comunicación entre las partes. Un proceso de justicia restaurativa suele concluir con un acuerdo de reparación material similar al de la teoría general del daño, pero siempre debería finalizar con una reparación en sentido amplio, ético, moral y social. Por eso reparar para la Justicia Restaurativa no es solo la idea de reparación material, esto limitaría enormemente su aplicación porque hay delitos que no pueden repararse desde un punto de vista material y en otras ocasiones las victimas no desean o no necesitan esta reparación. De hecho no estoy hablando de cosas raras, **pues la Sentencia del Tribunal Supremo de 6 de octubre de 1998 permite la aplicación de este atenuante también a los delitos de peligro y no solo los de resultado, dejando así la puerta abierta a la reparación simbólica**. Por tanto, la Justicia Restaurativa trata de la restauración de los lazos quebrados: entre víctima e infractor, victima y comunidad, infractor y comunidad y la sociedad entre sí.

El segundo problema es que suele asociarse participación en un proceso de Justicia Restaurativa y la automáticamente disminución de la pena para el infractor. En delitos menos graves, y guiándonos por este atenuante claramente puede ocurrir, además así fomentamos la rehabilitación y reinserción de estos infractores, que al reparar el daño están asumiendo su responsabilidad. Es precisamente este pensamiento, lo que hace que para muchos resulte aberrante los encuentros restaurativos en delitos muy graves. Obviamente en esta clase de delitos tan graves, el infractor no recibiría beneficios penitenciarios o una disminución de la pena a imponerle, aunque si le serviría como una preparación para cuando salga de la cárcel. Tampoco estarían sujetos a plazos estos encuentros porque la víctima de un delito muy grave, puede no querer participar en un proceso restaurativo recién cometido el delito, pero años, meses o días más tarde puede necesitar de la justicia restaurativa para que sea un elemento de apoyo en su "recuperación". De esto hay ejemplos palpables y reales, en los que el Estado actuó, castigó al delincuente pero en un momento dado, ambas partes se encontraron cara a cara. Margot Van Sluytman tardó casi treinta años en encontrarse con el asesino de su padre ¿Por qué lo hizo? Necesitaba poner un punto y aparte en una herida que nunca acababa de cicatrizar. Quizá nosotros que nunca hemos sufrido un delito así no lo podamos entender, pero ella que si lo ha sufrido, lo explica a la perfección. Jo Nodding tardó dos años en encontrarse con el hombre que la violó, lo hizo porque necesitaba decirle al infractor que había recuperado el control de su vida y que delito no la había destruido, por el contrario la había hecho más fuerte, una superviviente. La nueva directiva sobre víctimas de 18 de mayo de 2011 que esperamos pronto entre en vigor, contempla estos servicios de justicia restaurativa, precisamente de ayuda a las víctimas.

Estos ejemplos me llevan a otro tema: ¿Cómo reparar en los delitos de homicidio? ¿A quién? Por supuesto que parto de la base que los asesinados no van a volver, y por eso son unas victimas que nunca van a poder ser reparadas. Pero cuando uno plantea un encuentro restaurativo en estos delitos, lógicamente se parte de que además de la victima directa (la cual queda descartada para participar, a no ser que sea en espíritu) existen más víctimas: familiares y allegados del fallecido, estas personas son también victimas, no creo que nadie lo ponga en duda, y sufren un daño material (la pérdida del ser querido) y un daño emocional incalculable. Por supuesto, el daño material no va a poder ser reparado, pero si puede producirse una reparación emocional y psicológica que permita a la victima incorporar el daño sufrido a su vida e ir pasando etapas hasta poder superar el delito o al menos aminorar el dolor de la perdida. No todas las víctimas querrán participar o necesitaran estos encuentros, pero muchas de ellas si, y debería ser un derecho universal al que pudieran acceder, si ese fuera su deseo. Por supuesto, que a nadie se le puede ocurrir que estas personas actúan por delegación del asesinado ni en su nombre, ellas actúan porque también son víctimas y necesitan sanar y cicatrizar sus heridas morales.

Y esto me vuelve a llevar a otra errónea equiparación Justicia Restaurativa no significa perdonar ni es el objetivo primordial de esta justicia, porque el perdón es algo muy personal que depende de cada víctima. Es un gran error pensar esto, como dice Howard Zehr, el padre de la Justicia Restaurativa: "estos procesos facilitan el dialogo, la curación de las víctimas y son de paso una oportunidad para que el infractor haga algo bueno que compense el daño, pero si se perdona o no es algo que depende de cada persona" No niego que la justicia restaurativa facilita este perdón pero ni siempre es así y por supuesto que si un familiar de un asesinado (víctima indirecta del delito) se decide a perdonar, lo hará en su nombre y como víctima no en nombre del asesinado. Claro que se facilita el perdón pero no un perdón entendido como quitar importancia al delito y al daño sufrido, sino un perdón que facilita la superación del trauma de la víctima, un perdón que las reconcilia con ellas mismas y con sus seres queridos y con la comunidad en general. Jo Nodding cuando iba de camino a encontrarse con el delincuente, pensaba que jamás lo iba a perdonar, pero después de un rato de entrevista con él, se dio cuenta que el perdón, la liberaba de los lazos que la ataban a su atacante, y que librarse del rencor y odio la hacía superar antes el delito, por eso ella misma se sorprendió cuando le dijo que le perdonaba y recuerda que hasta el delincuente se sorprendió. En pequeña escala, puedo recordar dos hombres de mediana edad que llevaban años de denuncias por peleas, amenazas e insultos, el día antes en una reunión previa con cada uno, ambos manifestaron que no iban a perdonarse, para mi sorpresa el concluir la sesión conjunta, ambos se dieron un apretón de manos, no sé si se perdonaron pero lo que sí sé que se reconciliaron con ellos mismos.

Otro error importante es que siempre se piensa que Justicia Restaurativa es sinónimo de encuentros restaurativos y para más inri en España, justicia restaurativa es solo mediación penal. Por supuesto que la mediación penal es solo una herramienta más para aplicar los principios y valores de esta justicia, pero ni siquiera es la más restaurativa. Además esta mediación penal es muy diferente a otras mediaciones, de ahí que el legislador la haya excluido con gran acierto de la ley de mediación civil y mercantil. En mediación penal generalmente (salvo en faltas donde el rol de victima e infractor puede no estar claro) hay una persona que ha sufrido un daño, y otra que lo ha causado, partimos pues de un cierto desequilibrio, precisamente el facilitador (como veréis no digo mediador) debe contar con ello, ante de una posible reunión conjunta y además el tiempo es esencial, poner plazos es limitar la aplicación porque como bien he dicho la victima puede no querer participar en un proceso restaurativo ahora pero si, en el futuro. Precisamente los procesos restaurativos sirven para equilibrar la balanza, para que la victima recupere el control de su vida, que tras el delito había quedado en manos del infractor.

Hasta ahora he hablado de Justicia restaurativa como encuentros restaurativos victima-infractor y a veces la comunidad pero es algo más y así lo contempla las *Naciones Unidas al definir Justicia Restaurativa como una respuesta evolucionada al crimen, que respeta la dignidad y equidad de cada persona, construye compresión y promueve armonía social a través de la sanación de las víctimas, infractores y comunidad.*

¿Qué pasa si un infractor no desea participar? O ¿si es la victima la que no quiere? ¿Dejamos a una persona que desea o necesita de la justicia restaurativa, desprotegida? ¿O qué pasa con los delitos de peligro? Sería injusto abandonar a la parte que si quiere y necesita la justicia restaurativa y contrario al principio de igualdad ante la ley, por eso la Justicia Restaurativa debe entenderse en un concepto amplio, y cada persona puede y debe encontrar su camino dentro de ella, el límite es la imaginación, un ejemplo de esto es el Sycamore Tree Project, que reúne a grupo de victimas e infractores de delitos similares pero directamente afectados los unos por los otros. Los encuentros restaurativos pueden considerarse el último escalón de la Justicia Restaurativa pero es cierto que podemos atender de forma individual tanto a los infractores como a las víctimas, desde un punto de vista restaurativo. Para esto la Justicia penal actual debe impregnarse poco a poco de valores restaurativos: potenciando la participación e información a la victima de la evolución de su caso, procurando su reparación adecuada a las necesidades de cada una, dándoles a los infractores una oportunidad para evitar el estigma del delincuente, sin posibilidad de redención.

Conclusión

La justicia restaurativa es una forma de ver la justicia que primero satisface las necesidades de las víctimas, procura cuando sea posible la responsabilización y concienciación del infractor y después por supuesto, se preocupa de cuál es el castigo adecuado para el delincuente. No se basa en el perdón y no es uno de sus objetivos, aunque es cierto que puede fomentar o facilitarlo. Su expresión más conocida son los encuentros restaurativos, pero la justicia restaurativa como filosofía es algo mas y si queremos que la sociedad sepa apreciar los beneficios, debemos ir incorporando esta filosofía en la justicia penal que tenemos, para así lograr una justicia más justa y humana, que atienda a todos los implicados en el delito, con un orden de prioridades: victima, infractor, comunidad y estado. (Todos están presentes pero de una forma más equilibrada). En ningún caso es una justicia privada porque el delincuente va a recibir su castigo, lo que sí es cierto que será un castigo proporcional y más ajustado a derecho, porque ha tenido en cuenta las circunstancias del infractor y necesidades de las víctimas.

Aplicación de la justicia restaurativa

Nota del editor

Una vez introducidos en la Justicia Restaurativa, el siguiente paso debe ser conocer cuándo y cómo puede ser aplicada. Existen numerosas tipologías delictivas, y los procesos restaurativos, cuando puedan llevarse a cabo, deberán adaptarse a las necesidades específicas de víctimas y agresores en cada caso. Tal como explica Virginia Domingo, la Justicia Restaurativa no puede ser ajena al delito cometido, de igual manera que debe tomar en consideración las diferentes características personales de los implicados en el proceso.

Con la finalidad de analizar algunos casos en los que la Justicia Restaurativa es susceptible de empleo, se han seleccionado cuatro artículos que se centran en delitos con características muy dispares:

El primero, estudia qué papel puede y debe tener la Justicia Restaurativa en delitos violentos graves, y qué características deben tener dichos procesos para reparar a la víctima a la vez que se promueve la reinserción del agresor. En estos casos, será de relevancia especial la edad del infractor, teniendo mayor probabilidad de reinserción los jóvenes que los adultos.

El segundo artículo sigue analizando los procesos restaurativos en delitos graves, pero esta vez se trata de infracciones penales con unas características en ocasiones muy diferentes a los anteriores: los delitos de terrorismo.

El tercero, se centra en una tipología delictiva con especial peso numérico en los Juzgados españoles, y que a su vez tiene unas particularidades únicas respecto a otras infracciones: los delitos contra la seguridad vial.

En último lugar, el cuarto artículo analiza el papel de la Justicia Restaurativa y la mediación penal en delitos de violencia de género.

Como vemos, se tratan de cuatro tipos de delito con características muy desiguales. En efecto, y como se comprobará, los procesos restaurativos deberán adaptarse de forma concreta a cada uno de ellos.

¿Es posible la reinserción, incluso después de cometer un delito muy grave?

Criminología y Justicia, 23 Mayo 2012

"María del Mar Bermúdez, la madre de Sandra Palo, ha anunciado que tomará medidas contra el director de prisiones y el ministro de interior, alguien tiene que ser responsable porque el juez en la vista le ha quitado los cinco años de libertad vigilada cuando en los informes psicosociales demostraban que era un persona egocéntrica, antisocial, psicópata con nivel alto de reincidencia... y este señor se lo ha pasado por el forro de la chaqueta"

"Hay compromiso de Rajoy, de 2008 de cambiar la ley del menor pero mientras que no me demuestre lo contrario sigo sin creer en la justicia, tengo miedo y no me gustaría perder a nadie más de mi familia".

Lo primero es que se debe demostrar la empatía que esta familia y esta madre merece, por mucho que estemos con ellos y comprendamos su dolor, nadie puede saber lo que significa que asesinen a tu hija, de esa forma tan cruel e inhumana.

Para una víctima y más de un delito tan grave, es importante ver que se hace justicia y es totalmente normal, los sentimientos de dolor, ira, injusticia... máxime en este caso en el que los delincuentes, casi todos menores, han pasado poco tiempo cumpliendo condena y no han demostrado en ningún caso, remordimiento o responsabilización por el crimen tan horrendo que cometieron. Lo que debería haber sido un "viaje normal" de esta familia hacia la superación del delito o por lo menos la superación del dolor (porque claramente el asesinato de un ser querido, probablemente no se pueda olvidar nunca, pero si recordarlo sin tanto sufrimiento y angustia) no ha podido empezarse por cuanto, no han podido despojarse del rol de víctimas, y esto es porque sus expectativas de que se hiciera justicia, no se han visto cumplidas. Por eso, esta familia necesita centrar su dolor en algo concreto y para ellos, el objetivo es el cambio de la ley y su endurecimiento, lo que probablemente nunca han pensado es que si esto sucediera, tampoco se iban a sentir mejor, no sentirían que se ha hecho justicia...porque por muchos años que pasaran en prisión el dolor causado con la muerte de su hija no se va a borrar. La realidad demuestra que ni siquiera el sentimiento de devolver al delincuente algo de dolor, por todo el sufrimiento que causaron puede proporcionar a las víctimas una sensación de que al menos han sido compensados o mitigados en el daño que sufrieron.

Entonces muchos se preguntaran ¿qué hacer?

Tengo claro que la mayoría de las leyes que se ponen en entredicho o se cuestionan son buenas y adecuadas al espíritu de nuestro estado social y democrático de derecho. Sin embargo, lo que suele fallar es su aplicación, **deberían ser las leyes las que se adapten a cada caso, a cada víctima y a cada infractor y no al contrario.**

No es lo mismo un chico que se ve envuelto en una pelea en la que alguien acaba herido grave o incluso muerto, pero que se arrepiente, pide perdón y su pronóstico es de reinserción favorable, con otro que tienen una larga trayectoria delictiva y que nunca ha mostrado sentimiento de arrepentimiento o de por lo menos asunción del daño que causó.

La diferencia será cómo se interviene con cada infractor, pero por supuesto que todos deben tener una oportunidad de tomar conciencia y responsabilizarse del delito que cometieron, porque al fin y al cabo, si conseguimos que esto suceda, los demás nos vamos a beneficiar porque habrá menos delincuentes cometiendo crímenes y menos personas se convertirán en nuevas víctimas, evitando que sufran el trauma de ser víctima de un delito. Claramente esto es así, porque las penas y medidas de seguridad están orientadas hacia la reeducación y reinserción social pero si en este caso concreto hay informes que demuestran que no están rehabilitados y además los devolvemos a su mismo entorno social **¿Con qué garantías los estamos reintegrando en la comunidad?**

Si estamos hablando además de personas que eran menores de edad, con unas circunstancias personales y sociales que les hacían más proclives al delito, **me pregunto si se habrá trabajado suficientemente con ellos para conseguir que**

fueran conscientes de la gravedad del delito que cometieron. Precisamente son las personas menores, las que tienen más probabilidad de que se puedan rehabilitar por cuanto su personalidad en formación, puede hacer que el cambio en su vida sea más drástico. **Matza y Sykes ya elaboraron en su día, las llamadas técnicas de neutralización y son justificaciones que utilizan los delincuentes para con su conducta delictiva.**

Estas justificaciones son las que hacen que algunos delincuentes (muchos menores) consideren sus delitos como algo lógico y por eso la labor individualizada de los profesionales debe tender a que se despojen de estas justificaciones. **¿Cuáles son?**

Negación de la responsabilidad, el delincuente dirá que fue una "víctima" de las circunstancias y que fue empujado al delito ("no fue mi culpa")

Negación de la lesión, muchos creen que su delito no causó daños o que la víctima podía permitírselo.

Condena de los que condenan, el delincuente piensa que los que les juzgan seguro que en su día hicieron cosas peores.

Apelación a lealtades superiores, muchos infractores se justifican diciendo que lo hicieron porque sus amigos estaban allí y no podían hacer otra cosa.

Estas justificaciones implican que no todos, pero muchos podrían recuperarse y vivir alejados del delito, si se trabajan suficientemente con ellos para que tomen real conciencia del daño que causaron.

El problema para muchos de nosotros es la responsabilidad, en el sistema actual de justicia penal llamado retributivo, el infractor se enfrenta al sistema y debe someterse a las consecuencias punitivas impuestas por él, pero **no tiene ningún papel activo, solo una responsabilidad pasiva por un acto cometido en el pasado.**

Las prácticas restaurativas invitan al autor a tomar responsabilidad activa, participando en todo el proceso y haciendo gestos para reparar o compensar el delito. Esta responsabilidad activa **no sólo es por el delito cometido en el pasado, sino que se orienta al futuro.**

Esta debería ser la clave, combinar los principios de esta Justicia Restaurativa con intervenciones educativas, psicológicas y terapéuticas para de esta forma intentar mirar no solo al pasado sino al futuro, pensando en la sociedad en general y en que este delincuente más tarde o temprano volverá a ella, y por respeto a las generaciones futuras nuestra obligación es intentar que el que salga de prisión, lo haga como una persona nueva. Si no damos un papel activo al infractor ¿cómo podemos pensar que van a reflexionar y rehabilitarse? Además si creemos que muchos de ellos son recuperables ¿no deberían tener un castigo pero constructivo?

Por supuesto que para muchos delincuentes es más fácil cumplir condena, asumir los años de prisión pero sin hacer nada más, a muchos esto los coloca incluso en una posición de "víctimas del sistema", que hace que las justificaciones de Matza y Sykes tomen más fuerza, pero si se cambia el chip y se les confronta con el daño, se les muestra que las víctimas son seres humanos y no objetos aleatorios y además se les da un papel activo durante todo el tiempo de cumplimiento de condena , estoy segura que muchos podrán ser rehabilitados. Con respecto a los que no se recuperan y mantienen su peligrosidad, habría que valorar en qué fallan los programas de tratamiento y rehabilitación o en qué medida son personas con problemas mentales que necesitan de otros cuidados, de otras alternativas que eviten su vuelta a la sociedad con el potencial peligro que esto puede conllevar.

Y respecto a las víctimas, si saben que además de cumplir su castigo, al menos algunos ha podido ver el daño

que causaron y que es más probable que no vuelva a existir otras víctimas, porque no volverán a delinquir, entonces al menos si sentirán que se ha hecho justicia y que otras personas no sufrirán lo que ellas sufrieron. **Entonces su lucha y su dolor, si habrá valido la pena.**

Procesos restaurativos como mediación penal en delitos serios: terrorismo

Criminología y Justicia, 19 Julio 2011

"Mantenemos reservas sobre estos temas", se ha limitado a decir a EFE fuentes de prisiones, que no han querido confirmar ni desmentir la existencia de este programa, en el que estarían participando presos etarras, que ya se habrían desvinculado de la banda terrorista...!- ABC

"Instituciones penitenciarias prefieren no comentar la puesta en marcha de un programa de mediación penal para presos de ETA que se estaría llevando en la cárcel

de Nanclares de Oca, para conseguir que los etarras estén dispuestos a pedir perdón a las víctimas si éstas lo aceptan..."

Estos son dos extractos de las múltiples noticias que han surgido estos días acerca de la existencia de un programa de mediación penal con presos de ETA. Como persona que trabaja habitualmente con procesos restaurativos como la mediación en materia penal y como presidenta de la Sociedad Científica de Justicia Restaurativa, me veo en la obligación de valorar esta noticia y matizarla. Realmente llama la atención el secretismo absoluto en un tema tan especial y delicado, cuando debiera ser todo lo contrario. No niego que pueda ser posible procesos restaurativos en delitos serios como terrorismo, al contrario, en diversos lugares del mundo, ya se ponen en práctica procesos restaurativos con delitos muy graves; sin embargo para no frustrar los fines de estos procesos y no dañar a las víctimas más de lo que se las puede ayudar, se hace necesario tener en cuenta una serie de recomendaciones porque no queremos que algo tan beneficioso para las víctimas y la comunidad fracase y con ello se ponga en peligro el trabajo de todos los que trabajamos habitualmente en la Justicia Restaurativa.

Por eso, con respecto a esta noticia considero que es importante matizar lo siguiente:

I. Los **procesos restaurativos como la mediación penal significan ante todo trabajar y tratar con víctimas.** Poner toda la atención en qué ocurre con estas personas que han sufrido un delito y que pueden necesitar de la Justicia tras el trauma que supone ser víctima. Esto es básico y esencial y sin embargo el mayor error de las noticias que han surgido, es que sólo se habla de que están trabajando con terroristas para conseguir que estén dispuestos a pedir perdón...De esto se infiere que el centro de atención del programa restaurativo son los infractores, olvidando por completo a las víctimas, estás han sido consultadas por los diversos medios y han afirmado con cierta inquietud que no las costa que ningún terrorista haya pedido perdón.

II. **En ningún caso, los procesos restaurativos como la mediación penal son exclusivamente acerca de pedir perdón, son procesos algo más complejos**, se trata de un proceso de diálogo y comunicación victima/infractor en el que la víctima pueda obtener respuestas, ser reparada en la medida de lo posible del daño causado, para así continuar con su vida superando el rol perpetuo de víctima y dejando de sentirse "humillada". Se trata de que pasen de ser víctimas a supervivientes, siendo dignas de respeto y consideración. El infractor debe querer de forma voluntaria participar, se trata de un acto voluntario de asunción de responsabilidad (las noticias dicen que "trabajan con ellos para conseguir...." como si estuvieran centrándose de forma exclusiva en ellos, intentando forzar su arrepentimiento, esta intervención centrada en los infractores puede ser importante pero en ningún caso puede llamarse mediación penal)

Los procesos restaurativos como esta mediación penal pueden llevar al infractor a pedir perdón y a la víctima a aceptarlo pero no tiene por qué ser así ,aunque por supuesto para las víctimas es algo bueno para la superación de las cicatrices del delito.

III. Las noticias hablan de que existen presos que estarían participando en el programa pero no habla de víctimas, incluso la asociación de víctimas afirma que no conocen la existencia del programa. Asimismo **existe un error importante porque a esta asociación de víctimas del terrorismo se la debería no sólo haber tenido en cuenta para la implantación de este programa, sino que se la debería haber informado de forma correcta y exhaustiva de qué es y no es la Justicia**

Restaurativa. Habla esta asociación de "que la historia de terror de ETA no tiene ninguna legitimación posible, debe ser condenada y esa condena debe ser exigida mayoritariamente de forma pública..." Siento desgraciadamente que tienen un concepto erróneo pensando que Justicia Restaurativa es un proceso privado sin repercusión pública y que por el hecho de participar en procesos restaurativos como la mediación penal se va a legitimar o justificar los delitos de los terroristas.Si se quiere que estas iniciativas funcionen ante todo y para no dañar a las víctimas y supervivientes aún más, se las debe explicar que no se trata de justificar los delitos, ni de eliminar la condena pública, se trata de hacer justicia, consiguiendo que estos delincuentes asuman y reconozcan el daño y que precisamente no tenían derecho a causar tanto daño.

IV. En estos **delitos graves sería conveniente seguir iniciativas de países como EEUU. Se trabaja con infractores que han cometido hechos delictivos serios y con grupo de victimas (pueden ser las directamente dañadas por esos infractores o víctimas de delitos similares cometidos por otros delincuentes que por el motivo que fuere no han querido participar).** Se debe recordar que trabajan con ambos grupos y luego si es posible existen encuentros conjuntos. Por eso la información debiera haber dicho que se está trabajando con terroristas que voluntariamente han decidido participar y con víctimas que también de la misma manera voluntaria, quieren tomar parte en estos procesos. Esta dualidad y la importancia de la víctima como eje esencial es necesaria si queremos considerar que verdaderamente estamos haciendo mediación penal y que esta va a ser buena y beneficiosa para las víctimas y para la sociedad en general.

Para sintetizar hay que decir que hay una serie de pautas mínimas a tener en cuenta para que la mediación penal como proceso restaurativo con terroristas pueda funcionar:

1. **Información del programa, contando de forma clara qué es y no es** y teniendo como eje primordial las necesidades de las víctimas, esta información debe hacerse extensiva a todos los medios.

2. **Trabajar con infractores pero por supuesto también con víctimas, no perdiendo la perspectiva de que si el programa las daña o las perjudica, éste se debe abandonar inmediatamente.**

3. **La asunción de responsabilidad del terrorista debe ser voluntaria y espontánea, sin presiones y en ningún caso se justificará su conducta delictiva ni se eliminará la sanción penal correspondiente.**

4. Aunque se llame mediación penal, las sesiones conjuntas pueden ser en grupo con terroristas y victimas (no siendo necesario que sean víctimas directas de estos concretos infractores, pueden ser víctimas de otros que por el motivo que fuere no participar en el proceso)

5. Lo **esencial es que estas reuniones puedan ayudar a las víctimas**, a superar el delito, no se trata de que olviden sino que recuerden el delito sin amargura, sintiéndose orgullosas de ellas mismas y de haber podido superarlo.

6. **Secundariamente con este programa se intentará que la asunción de responsabilidad del terrorista le convierta en un hombre nuevo**, que quiere reintegrarse en la sociedad sin volver a delinquir, todos nos beneficiaremos de esto porque nos sentiremos más seguros y cuando salgan de prisión no se creará la alarma social por su vuelta al mundo exterior (la mediación penal les habrá llevado a muchos al remordimiento).

Justicia restaurativa en delitos contra la seguridad vial

Criminología y Justicia, 08 Mayo 2013

Todos los fines de semana hay detenidos por esta clase de delitos, generalmente por superar el límite de alcohol permitido pero también por excesos de velocidad. "Lógicamente", cuando el detenido es una persona conocida o famosa, esto genera más revuelo en la sociedad. Este "lógicamente" lo digo con reticencias porque el infractor sea o no famoso, es un ser humano y como tal puede cometer los mismos errores que el resto de la población. La diferencia quizá pueda estribar, en que el que detengan a un famoso genera "morbo" y da para vender muchos minutos en televisión, cosa que no ocurre si Pepito Pérez, comete el mismo delito. También es cierto que si se es conocido, eres o puedes ser un ejemplo para el resto de los ciudadanos, pero eso es todo y dicho esto, no estaría mal recordar aquella frase tan elocuente, **"quien esté libre de pecado que tire la primera piedra"**.

Y es difícil tirar la primera piedra, en la actualidad el coche más que un bien de lujo, es un artículo de primera necesidad, a pesar de la mala inversión que supone tener un coche, es considerado como necesario. **Cada vez hay más coches en la calle, las familias tienen más de uno y esto queramos o no, es un "arma de doble filo", a disposición de millones de personas**. Y como todo arma, debe saber utilizarse y hacerlo con precaución para no poner en peligro la vida del mismo conductor y de otras personas.

Estos delitos son una llamada de atención para prevenir otros más serios. **Seguridad vial, supone la prevención o minimización de los accidentes de tráfico para proteger la vida de las personas**. Los factores que atentan contra esta seguridad vial, son entre otros, el exceso de confianza, la comodidad, el uso de las tecnologías modernas y el consumo de alcohol.

El problema de estos delitos, si generan víctimas concretas, es que suelen asociarse con conductas imprudentes, es decir el autor no pensó que su acción iba a dañar a un ser humano, por eso suelen sancionarse con penas leves y el reproche jurídico es menor que en otra clase de delitos, en los que el uso de ciertos instrumentos peligrosos, como una pistola conlleva intencionalidad.

Esto ocurre porque realmente el vehículo no es visto como una máquina que puede matar (el que conduce un coche aunque sea temerariamente generalmente, no tiene como fin último dañar a otra persona). **Esta teórica falta de intencionalidad en estos delitos y casi su "justificación", produce como no puede ser de otra forma, frustración e insatisfacción en las**

víctimas. Es normal que al no ver cubiertas sus necesidades clamen por penas más duras, en un intento de auto convencerse de que hacer justicia es imponer el mayor castigo posible al culpable. **Lo que no saben es que aunque el culpable fuera condenado a mil años en prisión, sin posibilidad de salir de ella, el daño, dolor y las pérdidas sufridas no desaparecerían porque aún el castigo más duro, no va a devolver su vida al momento anterior a sufrir el delito.**

Por eso, si estos delitos han causado víctimas directas se debe empezar por trabajar con ellas, para que no se sientan menospreciadas, puedan ver que son respetadas y escuchadas, y se las pueda guiar en el camino hacia la recuperación y la reconciliación consigo mismas y con los que las rodean. **Esto es ayudar a las víctimas desde un punto de vista restaurativo.**

Existen otra clase de víctimas, todos nosotros, porque desde el momento que alguien conduce temerariamente o bajo los efectos del alcohol, puede poner en "peligro real" nuestra vida, bien como peatones o como usuarios de otros coches, ya que nada impide que nos "crucemos" con ellos. Para las potenciales víctimas puede suponer un "alivio" que estas personas (aun cuando no hubo voluntad de dañar a nadie) se "pudran" en prisión. Así todos estaremos seguros que esta persona no volverá a poner en peligro a nadie. Este razonamiento nos hace olvidar dos cosas importantes: con esto, evitaremos que el delincuente concreto reincida pero no que otros cometan el mismo delito o similares y además como no tenemos pena de muerte en nuestro país ni cadena perpetua, todos los delincuentes tarde o temprano van a abandonar la cárcel. **Por eso como víctima potencial, me da más tranquilidad que el infractor se haya concienciado del daño que causó o pudo causar, aunque su castigo no sea tan "duro" o "ejemplar". ¿Por qué?**

Porque si se ha dado cuenta del peligro que su acción ha causado, si ha podido ver en primera persona el dolor que su conducta u otras similares han producido en otro ser humano, estoy segura que esta persona no volverá a cometer otro delito y que su comportamiento cuando vuelva a subirse a un vehículo, cambiará. **Esto es lo que puede hacer la Justicia Restaurativa por el infractor y es que ayudándolo a comprender que toda acción peligrosa puede tener consecuencias terribles, estamos ayudándonos todos, como posibles potenciales víctimas. Y también estaríamos ayudando a las personas que han sufrido la pérdida de un ser querido, por esta clase de hechos delictivos.**

¿Por qué? Porque la mayoría de las víctimas, cuando son escuchadas lo que piden con más insistencia es que otras personas no pasen por el mimo sufrimiento y que el infractor no vuelva a delinquir y con toda seguridad pueden tener claro, que si el delincuente se responsabiliza, se encuentra cara a cara con los daños que su conducta pudo causar, no volverá a cometer otro delito.

Tampoco se puede olvidar que con estos comportamientos temerarios el conductor también pone en peligro su propia vida, algo que suelen olvidar muchos cuando se ponen al volante y sufren la "transformación", por eso el contacto con personas que hayan sufrido secuelas de accidentes de tráfico, puede ser otro punto de inflexión importante para concienciarlos. **Todo esto es lo que puede hacer también la justicia restaurativa por el infractor, con el objetivo de darle una segunda oportunidad y ayudarlo, si quiere ser ayudado.**

Muchos pueden pensar **¿y en esta clase de delitos, en los que no hay daños materiales y personales reales, cómo va a poder aplicarse la Justicia Restaurativa? ¿Habría algo que reparar? Los que confunden mediación penal con justicia**

restaurativa, excluyen estos delitos, si no hay víctima concreta.

Por supuesto, que la Justicia Restaurativa se puede aplicar en esta clase de delitos, aun cuando no hay víctimas concretas porque en un delito siempre hay víctimas, aunque en casos como conducción bajo los efectos del alcohol o con exceso de velocidad, las víctimas no tengan nombre y apellidos, **es la comunidad.**

La reparación en estos casos, debería ser también a la sociedad en general o a una parte de ella en particular, se trataría de una reparación simbólica, que está **permitida por nuestra Jurisprudencia así, la sentencia del Tribunal Supremo, de 6 de octubre de 1998** establece que "cuando el autor realiza un *actus contrarius* de reconocimiento de la norma vulnerada y contribuye activamente al restablecimiento de la confianza en la vigencia de la misma. En tales casos, se dará una reparación simbólica, que por regla general debe admitirse".

La Justicia Restaurativa en estos delitos, puede hacer algo más justo porque es muy fácil en teoría, la actitud pasiva del que se limita a ir al juicio rápido, conformarse con la sentencia para que la pena se le reduzca y con la retirada del carnet. **Esto puede reparar el daño causado al estado, al infringir su ley pero ¿y a la sociedad?** En este caso es donde la justicia restaurativa puede revelarse como eficaz, la reparación puede ser de muy diferente índole por ejemplo, colaborar como voluntario en un centro de tetrapléjicos por consecuencia de accidentes de tráfico, participar en charlas formativas sobre seguridad vial para niños y jóvenes...con estos actos el infractor de forma voluntaria y activamente, está reconociendo que vulneró una norma y que no debería haberlo hecho y que quiere devolver a la comunidad un poco de bien, por el mal que pudo causar. **Limitarse a una pena no es tan justo como complementar el posible castigo con estas medidas restaurativas de reparación del daño.**

Esto es, por todo esto, justicia restaurativa, en estado puro:

Se ayuda al infractor a ver con objetividad y realidad lo que su acción pudo traer como consecuencia. Esto evita que justifique o quite importancia al delito

La comunidad recibe una reparación simbólica, algo bueno y productivo para compensar el posible daño.

El estado cumple con los fines de la pena, como la reinserción y la prevención de los delitos. Las sentencias se tornan más justas, eficaces, humanas y satisfactorias.

Las víctimas de otros delitos similares, pueden ver con alivio como muchos infractores sí han visto el peligro de sus conductas.

En estos **delitos en los que no hay víctimas concretas, la Justicia Restaurativa debería impregnar la justicia penal y en cuanto a las herramientas para aplicarla, como la mediación penal o conferencias, al no existir víctimas determinadas, el encuentro podría realizarse con víctimas reales de delitos similares.** Esto ayudaría al infractor a comprender el impacto de estas acciones e incluso podría suponer un plus de ayuda a las víctimas, en su proceso de curación (aunque no sea el infractor que las causó el daño, se ha demostrado que puede ser un encuentro sanador y beneficioso). También las **conferencias podrían ser importantes ya que al ser la víctima, la comunidad, estos hechos delictivos son un problema de todos y estas conferencias servirían no solo para "educar" al infractor sino también para hacerlo con los miembros de la comunidad.**

Las posibilidades que esta Justicia restaurativa proporciona son enormes y los beneficios importantísimos pero para esto es necesario "abrir la mente" y empezar a pensar que el castigo cuanto más duro mejor, no es hacer

justicia, es solo un "espejismo", para ocultar la general insatisfacción con la justicia tradicional.

Mediación en violencia de género: NO. Justicia restaurativa y mediación penal: SÍ

Criminología y Justicia, 29 Mayo 2013

"Representantes de las justicia española y varias asociaciones feministas españolas han alertado este martes, de que la mediación en los casos de violencia de género recogida en la reforma del Código Penal, planteada por el Ministro de Justicia no sirve en violencia de género"

Esta noticia me sorprende por cuanto se atreven a decir que algo no sirve, sin haberse puesto en práctica y sin embargo, afirman que algo funciona, cuando está totalmente demostrado que la ley tal y como está en la actualidad, no ha servido para reducir los casos de violencia de género.

Y esto es cierto y nadie puede negar que a pesar de cómo está la legislación a día de hoy, esto no ha servido para disminuir el número de casos, incluso a pesar de la más que discutible discriminación positiva en favor de la mujer que deja al hombre en una situación de total desprotección. **Creo que nos hemos ido a extremos que no benefician a nadie.**

Quería centrarme en el tema de por qué excluyen radicalmente la mediación sin tener pruebas reales y tangibles de su eficacia. Sin embargo, una vez más la confusión de conceptos es evidente y esto hace que renieguen de algo que en sí mismo puede ser beneficioso para ciertos casos de violencia de género. Veamos:

En primer lugar hablan de mediación y el problema es que ya ni se molestan en hablar de mediación penal, que es la que sería viable y posible y que lograría resultados más positivos que los que se están obteniendo en la actualidad. Desgraciadamente, es ya habitual hablar de mediación, incluyendo la penal (sin respetar sus diferencias evidentes y asociarla de manera absoluta e indiscutible al hecho de llegar a un acuerdo para evitar el juicio) y esto no es así, ni es tan simple, de esta forma solo equivocan a la sociedad. **Si se habla de mediación en general, se presupone que hay dos partes llamadas contendientes y que ambas contribuyen en mayor o menor medida al conflicto** y por eso ambas deben comprometerse para alcanzar una solución.

En la mediación penal no hay dos partes en total igualdad de condiciones, hay una persona que ha cometido un delito y lo ha admitido y otra que ha sufrido un daño. Por eso, la cuestión de la culpabilidad o inocencia no va a ser mediada. Y por supuesto la víctima no debe conformarse con menos de lo que pida para enfrentarse a las pérdidas sufridas por el delito. **De esta forma, el reproche que merece estos delitos de violencia de género no se van a minimizar ni justificar ni se va a intentar que la víctima ceda en algo.** El delito se va a llamar por su nombre y no será solo un mero conflicto.

La mediación penal es un diálogo impulsado más que una forma de buscar soluciones y pone énfasis en la curación de las víctimas (sus "heridas") y rendición de cuentas del infractor.

Esta rendición de cuentas es importante por cuanto el maltratador en los casos de violencia de género, no solo no asume su responsabilidad, sino que acudiendo exclusivamente al juicio, la justicia tradicional le pone a la defensiva, rara vez asumirá lo que ha hecho, sino que al contrario, a través de su abogado tratará de negar el delito o justificarlo, por lo que si no considera que ha hecho daño es difícil que quiera reparar el dolor que ha causado y que se comprometa a no volver a hacerlo.

La curación de las víctimas también es algo a destacar porque solo con la justicia tradicional desde que la víctima denuncia, pierde el control de su vida, todo pasa a ser gestionado por profesionales en los que ellas tienen poco o nada que decir y para colmo en el juicio serán un mero testigo. Un proceso restaurativo como la mediación penal, va a permitir que la víctima sea escuchada, contar su historia desde el principio hasta el final, decidir lo que necesita y siempre en un escenario seguro. **Recuperará el control de su vida, quitándose el lastre de víctima y pasando a ser una superviviente.** Como se puede ver las diferencias entre mediación (en las que hay dos partes en conflicto y que intentan ceder un poco para ganar las dos) y mediación penal son abismales, **por eso yo diría: mediación en violencia de género no, pero mediación penal, sí.**

Y también **habría que atajar la confusión, que al menos en España, lleva a muchos a confundir mediación y Justicia**

Restaurativa y es que con la mediación, como ya he dicho se asume un cierto equilibrio entre las partes, sin embargo, **la justicia restaurativa parte de un desequilibrio moral que debe reconocerse**. Esto nadie negará que es importante porque si el maltratador quiere participar en un proceso restaurativo, debe reconocer voluntariamente y sin esperar ningún beneficio jurídico, que ha causado un daño. **La Justicia Restaurativa ofrece un espacio para que el infractor asuma su responsabilidad en el hecho delictivo**.

Si la víctima es invitada a participar en un proceso de mediación puede resultarla ofensivas las palabras o el lenguaje neutral de la mediación pero la Justicia Restaurativa llama a cada cosa por su nombre. El mediador, por eso en la mediación, es neutral e imparcial, mientras que en los procesos restaurativos, según Dave Gustafson tienen una parcialidad equilibrada.

En la mediación, los encuentros individuales no son tan importantes pero en la justicia restaurativa la preparación individual es esencial y más en casos de violencia de género, donde es esencial que la víctima se sienta segura. La mediación suele centrarse en el resultado (acuerdos), mientras que en la Justicia restaurativa lo importante es el proceso en sí mismo. Esto trasladado a los delitos de violencia de género es muy revelador, por cuanto más importante que el acuerdo, es que se rompa la dinámica del maltrato, que el maltratador entienda que no tiene derecho a seguir reiterando su conducta de maltrato.

Esto no es algo teórico, sino que países como Austria, permiten en ciertos casos de violencia de género, obviamente no todos, la mediación penal y otros procesos restaurativos. **No todos y cada uno de los infractores dejaran de maltratar, pero lo que sí es cierto es que las víctimas se harán más fuertes y dejaran de serlo**.

Para que la Justicia Restaurativa en estos casos de violencia de género sea eficaz es necesario tener en cuenta las siguientes premisas:

Centrarse en el daño:

Sin embargo, en delitos de violencia de género no hay generalmente un solo incidente sino un patrón de abusos con continuidad en el tiempo. Se debe por tanto, explorar esta línea de abusos para conocer el alcance y la naturaleza de esta violencia en la relación de pareja, así se aumenta la concienciación y la seguridad de la víctima.

Seguridad de la participante (víctima)

Se debe maximizar la seguridad y para ello se adoptaran muchas medidas durante todo el proceso restaurativo, una de las cuales será el diálogo constante con la víctima acerca de su sentimiento de seguridad. ¿Por qué? Porque si se comprende mejor sus preocupaciones acerca de la seguridad, se puede trabajar mejor, conectar con ella y con los recursos de la comunidad y así elaborar un plan de acción

Rendición de cuentas del maltratador.

Es por eso, que en esta clase de delitos se debe distinguir entre reconocimiento y responsabilidad. La responsabilidad va más allá del reconocimiento de que las decisiones tomadas para perpetrar la violencia sobre la mujer eran erróneas y no deberían haber ocurrido. Si se fuerza la responsabilización del maltratador o se acepta de forma rápida su responsabilización sin profundizar en los motivos se corre el riesgo de que esta no sea adoptada por motivos correctos, no siendo probable que haya un cambio favorable y positivo en el infractor.

Por el contrario, si se parte del reconocimiento de que su conducta no ha sido la más adecuada, se puede conseguir un cambio de actitud más positivo.

Oportunidad para el dialogo y la restauración

Crear un diálogo y animar a las personas dañadas para hablar sobre la violencia y el impacto que ha causado ésta en sus vidas es también importante en cualquier práctica restaurativa.

Está demostrado que para una víctima de violencia de género, tener un espacio seguro para contar su historia, ser escuchada y comprendida, puede ser una gran experiencia.

Por todo esto, los que sabemos que la Justicia Restaurativa puede ser beneficiosa para muchas víctimas de maltrato, pedimos que antes de pensar en cuestiones políticas o de qué queda mejor de cara al público, se piense en las víctimas. Y por supuesto, también deberían tener claro que Justicia restaurativa no es igual que mediación penal, ni que mediación.

A modo de conclusión he de decir que el objetivo de estas prácticas restaurativas en esta clase de delitos, debe ser interrumpir la espiral de violencia y maltrato, colaborando con otras instituciones y protegiendo a la mujer de futuros abusos.

Cuando la justicia no es restaurativa

Nota del editor

Hasta el momento, se ha venido analizando qué es necesario para garantizar una Justicia más humana en los diferentes ámbitos: qué resulta imprescindible en cualquier proceso de Justicia Restaurativa para que sea eficiente y beneficioso para todas las partes. Pero también debemos hacernos la pregunta contraria: ¿Cuándo la Justicia no es Restaurativa? ¿Cuándo las medidas judiciales no benefician ni a víctimas ni a agresores?

Para responder a dicha pregunta se han seleccionado tres artículos en los que la autora critica la instrumentalización de las penas y el mal funcionamiento del sistema jurídico-penitenciario, en ocasiones muy apartado tanto de las necesidades de las víctimas como de la finalidad reinsertiva y reeducativa de las penas (estipulada en el artículo 25.2 de la Constitución Española). A partir de situaciones reales, el lector podrá observar aquellos casos en los que la Justicia no es Restaurativa. Y es en el segundo artículo seleccionado donde se habla de la pena menos restaurativa de todas: la pena de muerte.

Las ideas principales que se plasman en los siguientes artículos, que casan a la perfección con la filosofía jurídica de Virginia Domingo, son un rechazo argumentado por el endurecimiento de las penas, adoptado como estrategia de política criminal por los últimos gobiernos españoles; y una reivindicación de la Justicia "más humana, cercana, eficaz y ante todo justa para todos".

Penas más duras: no es la panacea para las víctimas de delitos ni para la sociedad

Criminología y Justicia, 13 Febrero 2013

Cuando echamos un vistazo a la programación de una cadena de televisión cualquiera, un día cualquiera, lo que vemos básicamente son dos clases de programas: los dedicados a contarnos con lujo de detalles los delitos que más alarma han creado y los destinados a desvelarnos las intimidades de los famosos, es más la mayoría de estos, tienen un formato doble. Pero es que va más allá de una forma u otra, estos programas viven del delito y del dolor que muchas personas

arrastran, tras sufrir las terribles consecuencias de un crimen. Veo
con tristeza víctimas continuamente hablando y reviviendo el
daño que sufrieron, sin haber podido superar este rol de víctima,
sin poder atravesar las distintas etapas del duelo, y para mí, el
hecho de estar en televisión un día sí y otro también recordando,
no las ayuda en nada.

**Comprendo el derecho de los medios a la información
a contar lo que está ocurriendo, pero en muchas ocasiones
también me pregunto ¿Dónde está el límite?** Un ejemplo claro
de lo que estoy diciendo son los suicidios, habitualmente no salen
a la luz pública porque los expertos creen que generan un efecto
llamada, sin embargo, ahora se conocen los suicidios derivados de
la crisis y concretamente de la gente que va a ser desahuciada. No
sé si esto es bueno para que los políticos y los gobernantes tomen
conciencia del daño y la situación de la población, probablemente
lo hagan por eso, pero el seguro efecto llamada que puede originar
en personas que se hallan en una situación similar, puede ser
grave. Insisto ¿el derecho a la información prima por encima de
todo? No lo sé, quizá el respeto a los demás debe ser lo esencial.
Estos programas tienes cosas muy buenas como el efecto
solidaridad que pueden crear en nosotros, la empatía hacia los que
sufren y sobre todo nos acerca a la realidad que en ocasiones no
vemos o no queremos ver.

Sin embargo, también producen efectos muy nocivos en los
ciudadanos como la constante puesta en duda de la justicia y
más concretamente, trasladan a las personas un sentimiento de
insatisfacción con respecto a la justicia penal y un clamor por
penas más duras, como si esto fuera la panacea de todos los
problemas de la sociedad.

Es más, muchas víctimas hacen de su bandera el aumento de
las penas, como si esto fuera a ayudarlas a cicatrizar y superar el
delito o al menos a sobrellevar dignamente el dolor que arrastran.

Esto lógicamente genera más insatisfacción y las hunde más en su condición de víctimas, sin posibilidad de despojarse de esta etiqueta que no solo las marca de una forma trágica sino que no las favorece en su recuperación. Entiendo que quién lea esto y sea víctima de un delito, crea que no tengo derecho a hablar porque no he sido víctima de un delito grave, por supuesto que puedo entender su dolor y ponerme en su lugar pero nunca podré al cien por cien saber por lo que están pasando, sin embargo es mi obligación, nuestra obligación ofrecer a las víctimas y a la sociedad complementos a la justicia penal tradicional, que puedan suponer una ayuda en su camino como dice Howard Zehr, en su viaje al entendimiento y superación del delito. **Por eso flaco favor nos hacen muchos medios, cuando reclaman penas más duras como la única solución, sin pararse a pensar que existen otras vías mucho más interesantes y positivas para las víctimas del delito y para la comunidad y que obviamente no implican ser blandos con los delincuentes, esta vía es la justicia restaurativa.** Al contrario de lo que parece, esta justicia es más dura con el infractor, ya que trata de enfrentarlos con sus acciones, intenta que asuman el daño y que su actitud sea activa (que se comprometa a mitigar o reparar el dolor que causó porque es su obligación ya que quién hace mal a otro, debe intentar compensar este daño como un acto de responsabilidad y de actitud constructiva), mientras que la actual justicia hace que el infractor adopte una posición pasiva, esperando a recibir su condena sin más actividad que intentar defenderse, negar el daño o justificarlo.

Una vez más, también he de reconocer que esta justicia tampoco es la solución universal de todos los delitos, ni servirá para todas las víctimas y todos los delincuentes pero la combinación de ambas formas de ver la justicia, que no son sino dos caras de la misma moneda, va a permitir abordar el delito y sus consecuencias de una forma más global, adaptada a cada caso concreto y a las circunstancias de las partes.

A este continuo clamor por penas más duras tampoco ayudan algunos operadores jurídicos, porque que algunos digan a sus clientes (y también víctimas) que no existen delincuentes que se reinsertan en la sociedad y que no se evita la reincidencia, es algo así como negar ante los que sufren, la eficacia del sistema y claramente esto, lejos de reconfortarlas, las indigna como es lógico aún más. Que un abogado y además de prestigio haga este comentario a una víctima, me hace pensar que son muchos los que trabajan para la justicia penal y que incluso defienden de manera habitual a los delincuentes pero que no creen en la eficacia de la justicia penal y en sus fines. Y esto poca seguridad puede dar a los ciudadanos y al resto de la sociedad.

De acuerdo con la doctrina jurídica y filosófica los fines de las penas son la **retribución, prevención y rehabilitación.**

Con la **retribución**, se trata de castigar al delincuente por el mal que causó y así aminorar este daño. Es la respuesta de la comunidad al delincuente por el mal que hizo, yo diría que más bien es la respuesta del estado ante este daño.

Desde la función de la **prevención** tanto general como especial, se intenta que otros delincuentes y el mismo, no vuelvan a cometer delitos.

Con la **rehabilitación** se trata que el infractor vuelva a la sociedad de la que se separó al cometer el delito y vuelva como un hombre nuevo y productivo.

Estos tres objetivos ayudan de igual forma tanto a las víctimas como a la comunidad (que está en riesgo de ser futura y potencial víctima)

El **castigo o retribución** supone una compensación para la víctima por el daño que sufrió, es un cierto alivio pensar que estará unos años (más o menos) en prisión por causarla un gran dolor. Sin embargo en este apartado, la retribución por sí sola no repara el daño a la víctima, de una forma adecuada a sus necesidades sino que más bien la víctima por defecto, asume como suya la reparación que necesita el estado (el ingreso en prisión del culpable por haber vulnerado una norma creada por él). Aquí, la Justicia Restaurativa trata de potenciar primero, que la víctima sea oída y escuchada, participe activamente durante todo el proceso y pueda decidir qué necesita para sentirse reparada o al menos para mitigar en parte su dolor. Después, en segundo lugar, por supuesto que si el delito es grave la retribución decidirá el castigo adecuado.

La **prevención** es un aspecto importante. Muchas víctimas desean que lo sucedido no vuelva a ocurrir. Esta prevención da más seguridad y devuelve la confianza a la sociedad que como víctima potencial, ve que hay menos riesgo de que el delincuente vuelva a delinquir. No voy a negar que el castigo sea preventivo ya que durante el tiempo que el delincuente esté en la cárcel, por supuesto que al menos él no reincidirá, pero inevitablemente llegara un día más tarde o temprano en el que tenga que abandonar, la prisión. Ese día como personas solidarias que somos queremos que lo haga teniendo claro que no quiere cometer más delitos. Solo castigando, cuanto más tiempo mejor estamos retrasando el problema y derivándoselo a las generaciones futuras, y nuestra labor es intentar que cuando salgan sean personas reinsertadas y con el firme deseo de ser hombres de bien o simplemente podemos dejar para el futuro, un delincuente peligroso al que el tiempo en prisión no le ha servido nada más que para afianzarse y crecer en su carrera delictiva. La Justicia Restaurativa en la prevención, juega un papel relevante en la especial, al menos, ya que si conseguimos que el delincuente se dé cuenta del daño que causó y no tenía derecho a hacerlo, el impacto del crimen y sus consecuencias a buen seguro y así lo revelan las estadísticas de esta justicia, habrá menos delincuentes reincidiendo. Una vez más la justicia restaurativa puede resultar un complemento importante para la actual justicia.

La **reinserción** no es una utopía sino una realidad palpable y que nos conviene a todos. Al igual que con la prevención debemos por nuestro bien (para no convertirnos en futuras víctimas) y por el bien de nuestras generaciones venideras, intentar que la reinserción funcione con el mayor número de infractores posibles. La justicia retributiva actual, pone a los infractores en una actitud negativa y pasiva, sino se dan cuenta del daño que han causado, pueden estar años y años en la cárcel pero incluso sintiéndose ellos mismos, víctimas. **Con la justicia penal con enfoque restaurativo se va a intentar que los delincuentes se vuelvan activos y positivos y acepten que deben devolver a la víctima y/o comunidad algo de bien a cambio del mal que hicieron y deben ver esta actividad no como un castigo, sino como una prestación socialmente constructiva.** Muchos al leer esto pensaran que es algo puramente teórico pero es más que eso, es una realidad, no niego que no todos se rehabilitaran, ojalá fuera así pero si es cierto que con que uno lo haga, todos nos sentiremos más seguros y tendremos la confianza en que no estamos dilatando el problema y dejando para nuestros hijos, un futuro repleto de delincuentes no reinsertados que saldrán de prisión en los próximos años. Por eso me gustaría pedir a los medios, operadores jurídicos y políticos que no confundan a las víctimas y al resto de la población, que penas más duras menos delitos, es una aseveración facilona pero que deja en el aire muchos otros problemas importantes y fundamentales, no solo para las víctimas actuales sino para las que en un futuro irremediablemente puedan y lleguen serlo, porque nadie somos inmunes al hecho de poder sufrir un delito.

No soy abolicionista y al igual que muchos, creo que el castigo es en ocasiones la única solución pero no podemos tapar el sol con un dedo y si queremos un mundo mejor, ayudar a las víctimas a que dejen de serlo, y cooperar para que el número de hechos delictivos se reduzcan drásticamente, es hora de introducir la Justicia restaurativa y no como alternativa sino como complemento Esta justicia será además importante en determinados casos y para algunos infractores como los jóvenes, ya que educando y concienciando es más probable que el joven se aparte del delito y con eso haya menos delincuentes adultos y reincidentes.

El castigo que no restaura: la pena de muerte

Criminología y Justicia, 20 Marzo 2013

Tras hablar de las prisiones como parte del sistema punitivo actual y de su posible y deseable adaptación a los valores de la Justicia Restaurativa, surgió la pregunta **¿qué pasa con la pena de muerte?** La pena de muerte como castigo que el Estado impone al criminal que ha cometido algún delito, de los llamados "capitales", fue muy común en épocas pasadas, donde su habitualidad no dejaba muchas dudas. El movimiento abolicionista, sobre todo a partir del **SXVIII y tras la publicación del libro de Beccaria, "De los delitos y las penas"**, supuso un gran paso para la erradicación de muchos sistemas penales, pues como bien decía Beccaria no es "sano", esta libre disposición de la vida humana: **"si la sociedad política tiene sus orígenes en un acuerdo entre**

los individuos, que dejan de vivir en la condición natural y se dan leyes para protegerse uno con el otro, es inconcebible que estos individuos hayan metido a disposición de sus símiles, también el derecho a la vida".

Hoy en día aunque la tendencia es a su abolición, lo cierto es que todavía existe y sorprendentemente en países teóricamente avanzados que son potencias mundiales. Y **respecto a nosotros, a los ciudadanos ¿qué pasa por nuestra cabeza?** Pocas personas pueden decir que por su mente no ha rondado la idea de este castigo, ante delitos muy graves y crueles, por supuesto, que es lógico y normal, lo mismo que pensar que si alguien hace algo malo a nuestros seres queridos, lo mataríamos con nuestras "propias manos". Pero estoy segura, que **si la vida nos pusiera en este dilema, muy pocos se atreverían a cruzar la línea y matar al criminal, porque sea por venganza o por una creencia de que así se hace justicia, no dejaría de ser un asesinato.**

Más allá de este sentimiento normal, en personas que sufren las consecuencias de un delito y de todos nosotros, que como sociedad somos testigos de la crueldad de ciertos crímenes, la pena de muerte no deja de ser una venganza del estado hacia el delincuente y en el supuesto nombre de la víctima. Una vez más, el estado se está apropiando del conflicto, del dolor sufrido por ésta e incluso del papel y rol de víctima para cometer un asesinato a sangre fría y con premeditación. **Esto no diferencia mucho al estado del criminal sino que los pone al mismo nivel.**

Reconozco que el sentimiento de impunidad y de que matar o cometer delitos muy graves es muy barato, produce en las víctimas y en muchas personas un sentimiento de que la dureza nos va a proteger y dar mayor sentimiento de seguridad, pero la realidad es que ni penas más largas ni la mismísima pena de muerte, supone una disminución de la delincuencia. Precisamente para canalizar estos sentimientos de venganza y evitar que los individuos nos tomemos la justicia por nuestra mano, surgieron los estados, su estructura y el sistema, por eso la pena de muerte es una venganza irreversible orquestada por el Estado y para más inri, en el supuesto nombre de los ciudadanos. **Y a pesar de que muchos apoyan teóricamente este castigo, en la práctica ¿Cuántos de nosotros estaríamos dispuestos a ser verdugos? ¿Alguno querríamos para nuestros hijos, que fueran de profesión verdugos? Tengo claro que pocos, o ninguno, y mucho menos atravesaríamos el umbral y estaríamos dispuestos a ser la mano ejecutora que cometiera el asesinato, empleando la justificación de que se hace justicia porque esto no protege solo embrutece más.**

Además la pena de muerte, siempre ha sido cuestionada por sus muchos argumentos en contra y sobre todo por atentar contra los derechos humanos más básicos y así ya el 10 de octubre de 1948 cuando se adoptó **la Declaración Universal de los Derechos Humanos, en su artículo tres se dice: "todo individuo tiene derecho a la vida la libertad y seguridad de su persona". La Iglesia Católica y en general todas las religiones también se posicionan en contra** partiendo de que la vida, es un don sagrado de Dios y que el hombre(o en este caso el Estado en su nombre) no puede apropiarse del derecho para quitarla.

Y siendo un poco rigurosa, si damos el visto bueno al sistema para que mate a otra persona, por la justicia y por la paz social, **no nos puede sorprender que en cualquier momento gobiernos y estados no estables, utilicen esta carta blanca, para matar a otros ciudadanos de forma injusta y cruel, en nombre de esta aparente seguridad y paz social. ¿Acaso no sucede y ha estado sucediendo?** Lo que empieza mal en su origen y amparado en motivos supuestamente loables y buenos que no lo son, no nos puede extrañar que degeneren en arbitrariedades por parte de algunos, puesto que atacar el mal con más mal, sólo empeora y hace que perdamos nuestra sensibilidad y conciencia de ser personas humanas racionales. *Como decía Gandhi muy sabiamente, "ojo por ojo y todos quedaremos ciegos".*

Otra pregunta que se me pasa por la cabeza es **¿cómo sabemos que la pena de muerte es un castigo proporcional al daño sufrido (porque la máxima ojo por ojo, nos habla de proporcionalidad)?** Me explico, si un delincuente ha matado a tres personas, solo con matarla una vez, no haríamos justicia para las tres víctimas, si acaso, con una de ellas. Pero es que además yendo todavía más allá, ni matando tres veces a este criminal, haríamos justicia porque la vida de tres personas inocentes, merece más respeto y consideración que la del delincuente. Muchos pensareis que son argumentos extremos pero cierto es que se pueden dar con más frecuencia, de la que estamos dispuestos a pensar.

Y ahora para profundizar en los muy abundantes argumentos en contra de este castigo irreversible, voy a empezar con uno totalmente irrefutable:

Los errores judiciales, a nadie escapa que el sistema de justicia es imperfecto y no porque lo digan los muchos usuarios descontentos sino porque está contemplado así por el propio estado **¿Y si no, por qué se permiten los recursos?** Pues porque se parte de la premisa de que las decisiones judiciales no siempre son correctas. Entonces cómo y en nombre de qué, puede el estado ejecutar una pena de consecuencias irreversibles, sin temer que con esto se esté quitando la vida a otro ser humano y además inocente. Algunos pensarán, si te implican en un homicidio aunque no seas culpable, es que andas en malos pasos, y ya se sabe que quién mal anda mal acaba. Pero ¿y si solo pasabas por ahí o estabas en el lugar equivocado, en el momento equivocado? Si alguno de nosotros tuviéramos un ser querido en el "corredor de la muerte", a buen seguro que no pensaríamos **así porque la triste realidad es que la pena de muerte, lejos de no resarcir a las víctimas, además deja tras de sí, muchas otras víctimas** (la sociedad que poco a poco pierde su empatía y sentimientos humanos porque que ejecuten a un preso ya ni les sorprende ni les conmueve, los familiares de los delincuentes y la propia víctima porque una vez que se cumple la condena nadie o muy pocos se ocupan de ella, ya que se da por hecho que el sistema ya ha actuado).

Los argumentos en contra de la pena de muerte no quedan ahí, y hay muchos otros de peso como:

El incumplimiento de los fines propios de la pena, quitando la vida, renunciamos a los objetivos del sistema penitenciario: la reeducación y reinserción social y estamos negando una segunda oportunidad a todos los que quieran volver al marco social, como hombres nuevos, readaptados y reinsertados. Además con esta pena no se ahonda en el origen, causas y verdadero problema de la delincuencia, por lo que no se produce una disminución de los delitos y de la reincidencia.

La pena de muerte, conlleva cierta discriminación racial además de que supone una degradación de la persona. Muy poca falta hace explicar este argumento, basta con mirar las ejecuciones en Estados Unidos y "echar cuentas" cuantos de los ejecutados eran de raza negra, hispanos u otras étnicas minoritarias y cuantos blancos. La triste realidad muestra que los más desfavorecidos tienen todas las papeletas en su contra para ser condenados a la pena capital y a esto se une que generalmente no tiene recursos suficientes para contratar abogados expertos y competentes. Además, esta pena supone un retroceso en la evolución humana, ya que por mucho que la llenemos de artificios y de una retórica a su favor, no es más que una venganza

Es una medida costosa desde el punto de vista económico y emocional. Supone mucho dinero ejecutar a un preso (de hecho muchos estados de EEUU, tienen paralizadas las ejecuciones por su elevado coste) además no está comprobado empíricamente que tenga un efecto disuasorio sino todo lo contrario, se entra en una espiral de violencia y ante la "brutalidad" del estado, la mayoría de los infractores sentirán que no tienen nada que perder y sus delitos y actitudes serán también más crueles. Y para más inri, a los familiares de las víctimas, esto no les devolverá a sus seres queridos y sin embargo, los allegados del delincuente se verán sometidos a una presión psicológica y emocional, muy difícil de soportar.

Matar es matar y por eso frente a sistemas punitivos extremos, como los que contemplan la pena de muerte, la Justicia Restaurativa surge como una necesidad de fomentar la reinserción social, la ayuda a las víctimas para canalizar sus sentimientos de venganza, en otros que produzcan su curación y sobre todo para que la prevención sea un objetivo esencial y así lograr estados más seguros y pacíficos.

¿Es justo que el preso más antiguo de España sea un infractor condenado por delitos menos graves?

Criminología y Justicia, 06 Mayo 2011

El hecho de haber estudiado derecho, automáticamente hace que en ocasiones conocidos y familiares recurran a mí, preguntándome: ¿Cómo puede ocurrir esto? ¿Es que no hay justicia? ¿Pero esto puede ser así?... Yo que a pesar de todo, creo en la justicia y nuestro sistema intento pacificar y explicar el por qué de decisiones judiciales, de leyes y demás temas jurídico-penales que por "hache o por b" han creado alarma social. Sin embargo, en ocasiones se me hace cuesta arriba esta defensa, y es que el otro día el tío de mi marido me dijo: "la justicia me da pánico" y realmente no puedo negar que a veces a mí también. **Estoy pensando en el preso más antiguo de España, que desde el año 1976 encadena condenas** si alguno no conoce el tema, estará pensando que deben ser delitos de sangre y que será un preso muy violento... ¡pues no! **Se trata un preso común con delitos menores que lleva más de 30 años en prisión (más de media vida).**

A todas luces, podemos ver que esto es algo increíble...veamos si mal no recuerdo, el artículo 25 de nuestra constitución, establece que las penas privativas de libertad están orientadas a la reeducación y reinserción social y por si fuera poco el artículo 76 de nuestro "tan reformado" código penal habla de unos máximos de estancia en prisión , siguiendo este articulo, para un preso la estancia máxima sería de 30 años si estuviera condenado por dos o más delitos y alguno de ellos estuviera castigado con pena de prisión superior a 20 años, es decir que hubiera cometido al menos un delito grave como un asesinato. Teniendo en cuenta estas cosas, es normal que en ocasiones me quede sin argumentos para explicar temas como este, que para colmo han creado más descontento si cabe por la coincidencia en el tiempo con la puesta en libertad de un preso de la banda terrorista ETA, Troitiño (no entro a valorar si es acertada o no), lógicamente si peligroso, con varios asesinatos a sus espaldas y menos tiempo de estancia en la cárcel. Con estos antecedentes, es lógico que muchos ciudadanos crean que sale "más barato" matar a varias personas que robar aunque sea tan sólo una "gallina"

Volviendo al preso más antiguo de España, ¿no es este señor merecedor de un indulto?, ¿no ha cumplido ya con la justicia? y sobre todo ¿por qué estas desigualdades tan

evidentes entre presos? Y lo más preocupante es que ha fallado totalmente nuestro tan apreciado estado social y democrático de derecho, ya que si los fines de las penas son la reeducación y reinserción social del penado, en definitiva que vuelva a la sociedad como un hombre nuevo, qué podemos esperar de una persona que lleva tantos años en prisión y por delitos menos graves, pensamos que se va a adaptar a la vida en libertad, y que le será fácil recuperar la normalidad......Todos deberíamos hacer un examen de conciencia porque hemos permitido que se quiebren los principios y la filosofía más básica de nuestro derecho y como si de un estado autoritario se tratara hemos permitido que el castigo sea el primero y el único fin de la pena, sin tener en cuenta otras opciones mucho más ventajosas para todos nosotros y no sólo para este infractor en particular. Estos errores me hacen ver que ya es hora de cambiar la forma de enfocar la justicia hacia un punto de vista más restaurativo y no solo retributivo, deberíamos empezar a pensar en lo que es más beneficioso no solo para el preso, sino también para sus víctimas y para la comunidad en general (todos somos potenciales víctimas). Si intentamos que el infractor asuma los hechos, se responsabilice y repare el daño y así vuelva a la sociedad como una persona productiva esto es bueno para todos en cambio si le mantenemos en prisión per *secula seculorum*, haciendo de él un inadaptado para toda la vida, esto no genera más que cargas para el estado y peligro potencial para todos los ciudadanos, de que este infractor vuelva a delinquir. Y es que como decía Roxin la reparación tiene efectos resocializadores ya que obliga al autor a enfrentarse con las consecuencias del delito y a asumir los intereses legítimos de las víctimas (de esta forma si se cumple con el mandato constitucional del artículo 25).

Es hora de intentar en lugar de aplicar de forma estricta y literal la letra de la ley, intentar que la justicia sea más humana, cercana, eficaz y ante todo más justa para todos.

La reparación del delito en las víctimas

Nota del editor

Como se ha visto hasta el momento, una de las partes fundamentales de la Justicia Restaurativa, si no la principal, es la reparación del daño en las víctimas. En este capítulo, se analiza cómo los procesos restaurativos pueden ayudar a quienes sufren un delito a superar el rol de víctima, recuperar el control de sus vidas, y reinsertarse socialmente (en efecto, las víctimas en ocasiones también pueden sufrir desocialización derivada de la experiencia de victimización).

La autora se hace tres preguntas esenciales para entender el papel de las víctimas en los procesos restaurativos, y cómo éstos pueden ayudar a la reparación del delito:

¿Por qué la Justicia Restaurativa ayuda a las víctimas?

¿Satisface la actual justicia penal las necesidades de las víctimas?

¿Cómo conjugar los derechos y necesidades de las víctimas con los de los infractores?

A partir de dichas preguntas, que responde independientemente en artículos sucesivos, se lleva a cabo un análisis detallado sobre cómo la Justicia Restaurativa contribuye a la reparación del delito. Asimismo, a través del planteamiento y clarificación de las diferentes etapas de la recuperación en las víctimas, expuesta en el segundo artículo del presente capítulo, el lector logrará entender con mayor precisión cómo los procesos restaurativos pueden ayudar a quienes son directa o indirectamente victimizados.

¿Por qué la justicia restaurativa ayuda a las víctimas?

Criminología y Justicia, 21 Noviembre 2012

"La historia se repite en Burgos, los detalles que van descubriéndose sobre la muerte de Eduardo Valgañon, tras la agresión sufrida el domingo de madrugada en Belorado. La autopsia reveló una fuerte contusión en la cabeza como consecuencia de la caída del joven contra el suelo tras recibir un puñetazo de un ciudadano rumano".

Esta es una noticia que puede aparecer en cualquier periódico, de cualquier ciudad, quizá en una ciudad pequeña como Burgos, tiene más impacto porque todos casi nos conocemos, pero no deja de ser una historia más, tras la cual queda un reguero de víctimas sin consuelo. Son víctimas que necesitan ayuda porque se enfrentan, no sólo a la muerte violenta de un ser querido sino a un más que probable aislamiento y sentimiento de incomprensión, porque por más que tengan un montón de gente a su lado, sentirán soledad, que nadie puede ponerse en su lugar. Por esto mismo, cuando hablamos de **Justicia Restaurativa, decimos que esta justicia a todas luces, más humana y cercana, ayuda a la reinserción del infractor pero también de la víctima y en cierta medida de la comunidad ¿Por qué?**

La posible ayuda a la reinserción del delincuente es entendible en el sentido de que si este infractor que ha dañado una persona, se da cuenta y asume su responsabilidad, es más probable que no vuelva a hacerlo. Pero y ¿la víctima y la comunidad? Esto quizá pueda ser más complicado de explicar, pero es algo así: cuando alguien de nuestra comunidad, de nuestro entorno ha sufrido un delito, todo nuestro mundo se ve amenazado, nos gusta pensar que vivimos en un mundo ideal, o al menos "casi ideal" y que los delitos son algo lejano que vemos en televisión y que nunca jamás nos va a pasar a nosotros. El problema es cuando la tragedia roza a alguien cercano, de nuestra ciudad, pueblo, vecindario... **nuestra perspectiva de una vida ideal se quiebra, perdemos nuestro sentimiento de seguridad (en cierta manera somos víctimas indirectas también)** entonces somos muchos los que automáticamente pensamos (y me incluyo yo): "si le han matado, será porque andaba en algo no muy legal", "la culpa la tienen los padres, que siendo menor la dejaron salir de noche", " es que a quién se le ocurre estar a esas horas en esos lugares...", son mecanismos de defensa que intentan en cierta manera justificar, el porqué del delito echando parte de culpa a las propias víctimas. Esto que es algo humano, puede hundir aun más a las víctimas. **Al trauma y la tragedia, parece que se les une el estigma y la vergüenza de haber sufrido un delito y esto jamás debemos permitirlo o al menos es nuestra obligación**

mitigarlo. Kathleen O'Hara perdió a su hijo asesinado durante un robo, durante el tiempo que estuvo desaparecido hasta que apareció su cuerpo, tuvo que escuchar que su hijo quizá estaba metido en asuntos "turbios". Esto la supuso un *shock* y según cuenta ella, se dio cuenta que las personas necesitan justificar estos delitos violentos para evidentemente, no "romper el mundo ideal en el que creen vivir".

Yo diría que es como **si quisieran creer que el delito y la violencia pueden ser controlados, si uno se mantiene alejado de problemas**. Por eso, la Justicia Restaurativa ayuda a las víctimas a comprender y rescribir su historia, incorporando el delito sufrido como un aspecto más, algo que obviamente no se va a olvidar pero que poco a poco se irá recordando sin el dolor, la vergüenza y el estigma de los primeros momentos. Por mucho que estas víctimas, puedan sentirse acompañadas, el sentimiento de aislamiento que sienten en su "historia", debe ser manejado para poder superar toda la maraña de sentimientos encontrados que surgen de sufrir un delito (especialmente si es la muerte de un ser querido). Necesitan para esto sentir que la sociedad está con ellos, no solo de palabra sino también de corazón y quizá también la comunidad y los más cercanos a ellos, deberían participar en este proceso restaurativo para que así puedan también aprender o más bien comprender, que estas cosas trágicas pueden pasar y en ningún caso las víctimas son culpables. **En este sentido, la Justicia Restaurativa facilita la reinserción y reintegración de las personas que han sufrido un delito de nuevo a la sociedad. También esta justicia intenta fortalecer a la comunidad para evitar perjuicios futuros y si se vuelven a dar delitos, algo realmente inevitable puedan comprenderlo, asumirlo y ayudarse, así crearíamos una sociedad más madura, responsable y segura.**

La Justicia Restaurativa también facilita la reagrupación de lo que ha dividido, en este caso es esencial que el rol de víctima no sea vitalicio, no puede ser que una persona sea recordada de por vida, se la señale por la calle, como aquella víctima de aquel delito. Esto es importante porque sino nunca podrán hacer su vida relativamente normal y nunca podrán recuperar el "control y el poder sobre su destino". Así una víctima de un delito grave decía: "al final el juez le dijo: has destrozado su vida. Pero no lo había hecho y quería decirlo, y gritarlo: no me has destruido. Pero no tuve oportunidad durante el juicio"

Esto es importante para alguien que sufre un delito, sentir que puede recuperar el poder sobre su vida, **sentir que pueden recuperar el control y que en cualquier momento dejaran de llevar "colgada la etiqueta de víctima"**. La víctima del ejemplo se reunió con el infractor durante un proceso restaurativo, años después de haber sufrido el delito, él estaba en prisión y el encuentro no supuso para él, beneficios penitenciarios, pero ayudó a la víctima y en cierta medida facilitó el remordimiento del delincuente, lo que supuso una preparación para su futura vida en libertad, queriendo no volver a delinquir.

Esta es una forma de ayudar a las víctimas y en muchas ocasiones también al delincuente, a través de la Justicia Restaurativa, pero cada vez somos más los que creemos que los **servicios de Justicia Restaurativa pueden ayudarlos, aun sin este encuentro restaurativo a corto o medio plazo**. Por eso los facilitadores de estos procesos (no hablo de mediadores) más que habilidades propias del mediador, o al menos no solo esas, es esencial que conozcan como impacta el delito en las victimas y como ayudar a que superen el trauma. Estos Servicios de Justicia Restaurativa, deben por tanto estar en colaboración con otros expertos, para así hacer un abordaje más integral, de cómo tratar el delito y sus víctimas. Y es que nuestro proceso penal, no escucha la voz de los que sufren el delito, y la Justicia Restaurativa no solo las escucha, sino que valora su opinión como esencial , porque quién mejor puede expresar lo que conllevó y supuso el delito que la propia víctima.

Esta justicia no es mediación, no supone una alternativa a la condena, no es una forma que tiene el delincuente de ver reducida su pena, si muestra cierto remordimiento, no les va a ayudar a escapar del castigo. La justicia restaurativa es un proceso diseñado para las víctimas y si no las funciona debe entonces concluir. Esta justicia ayuda a que sus necesidades se vean atendidas de una manera más rápida, eficaz, humana y satisfactoria. Es una justicia que está por y para las víctimas, de ahí que la mejor forma de regularla es introducirla en normas sobre derechos de víctimas de crímenes. **Por eso es necesario que las asociaciones de víctimas, de cualquier delito, sin distinción, conozcan realmente qué es la justicia restaurativa en toda su extensión y así puedan sentirse cómodas con ella y confiadas en que podrán solicitar el acceso a esta justicia en cualquier momento del proceso.**

Esto no impide que también se ayude a destruir el patrón destructivo de la conducta del infractor, obligándolos a enfrentarse cara a cara, si es posible, con el daño físico y moral que han ocasionado. En este sentido, por eso también les ayuda a rehabilitarse, reduciendo la reincidencia.

Aprovecho para deciros que esta semana es la semana de la Justicia Restaurativa, algún día no tendremos que celebrarla porque será parte esencial de nuestras vidas.

¿Satisface la actual justicia penal las necesidades de las víctimas?

Criminología y Justicia, 11 Julio 2012

"Un ciudadano francés residente en Madrid que pasaba unos días de vacaciones en Murcia falleció por el impacto de una piedra de 15 Kg lanzada contra su coche por un niño de 13 años, en un puente que une la Manga del Mar Menor con Cartagena"

Esta es una de tantas y tantas noticias de sucesos y delitos trágicos que todos los días podemos ver en prensa escrita y televisión. En este caso además el chico no puede ser juzgado porque no tiene la edad mínima legal. Por supuesto, que muchas voces ya habrán vuelto a clamar por "justicia", o lo que últimamente parece lo mismo, que estos menores puedan ser juzgados y condenados, otra vez equiparación entre justicia y castigo. **¿Pero se haría justicia metiendo a este chico en un centro de internamiento?**

Veamos la idea de la actual justicia punitiva o retributiva trata acerca de infligir al infractor un castigo adecuado, un daño similar y proporcional al que causó **¿Alguien tiene una fórmula matemática para medir el dolor?** Realmente creo que este sistema es arbitrario porque **¿cómo se cuantifica cuantos días, meses o años son un castigo justo y equitativo para los delitos?** Y yendo un poco más allá, y como ejemplo, imaginemos un padre que mata a sus dos hijos, solo matándolo dos veces podríamos equiparar un poco las dos vidas inocentes sesgadas por la mano de su progenitor. Por eso hablar de justicia retributiva se torna una contradicción porque se me antoja imposible encontrar una fórmula justa entre pena y delito, entre dolor que se infrinja al delincuente y el dolor causado por el delito a las víctimas y sus allegados.

Además erróneamente se ha hecho creer a las víctimas que el castigo compensará el daño causado y que va a recuperar su vida solo con ese acto pero la realidad demuestra que la mayoría no sienten que se ha hecho justicia ¿por qué?

Pues porque la ecuación castigo-daño no es ciencias exactas, de ahí que para una persona que ha sufrido un delito, **la condena a prisión nunca contempla los años suficientes para restaurar el daño causado por el delito. Son las propias víctimas las que nos están diciendo a gritos que el sistema de justicia no funciona, cada vez que se indignan porque el número de años no es suficiente para mitigar la muerte o la violación de un ser querido....por ejemplo**, y lo hacen de esta forma porque es la única opción que conocen o que tienen a su disposición: el castigo. Las victimas es lo único que tienen, lo único a lo que se pueden aferrar para poder intentar recuperar su vida. Y sin embargo, **lo que se daña cuando se comete un delito es imposible de cuantificar en la mayoría de los casos**, sobre todo si se trata de un homicidio pero por supuesto, que tampoco es posible al 100% en otros delitos como el robo, porque además del daño material que si es cuantificable hay uno que es moral y es muy complicado de valorar.

Esto no significa que sea partidaria de la teoría abolicionista por la cual muchos partidarios de la Justicia Restaurativa opinan que la Retributiva debiera desaparecer en favor de la restaurativa. Obviamente reconozco que determinados delincuentes por sus características y circunstancias deben estar recluidos en prisión en aras a salvaguardar el sentimiento de seguridad de la comunidad. Eso si teniendo en cuenta y pensando que algo habrá que intentar hacer con este infractor, porque más tarde o más temprano saldrá de la cárcel, y no podemos dejar ese "problema" para los que vengan detrás.

Sin embargo para otros, como el caso de este chico de 13 años, la Justicia Restaurativa puede ser un complemento importante para su reeducación y responsabilización por el daño que causó. Este chico no puede ser juzgado pero debería poder tratarse su asunto desde un punto de vista restaurativo, que le haga aprender que todas las acciones tienen sus consecuencias y que debe tomar conciencia del daño que causa con su comportamiento. **Aquí la restauración en sí misma es imposible porque el hombre fallecido no volverá, pero al menos si podemos recuperar a este chico, como un ser humano nuevo que se reintegrará en la comunidad, intentando hacer el "bien" para mitigar el daño que causó**, así al menos la familia del fallecido **tendrá la confianza y todos nosotros también, de que nadie más**

volverá a pasar por lo mismo que ellos. Esta Justicia Restaurativa permite personalizar la respuesta frente al delito, adaptarla a cada supuesto y cada persona, generalmente se cree que el castigo es justo, siempre y en todo caso porque teóricamente se hace sobre la persona culpable exclusivamente. Sin embargo y tristemente, esto casi nunca es así. **La Justicia Retributiva recae no sólo sobre el culpable sino también sobre el inocente, porque sus efectos lo sufren también las personas que no han hecho nada malo.** Una condena a prisión afecta a la familia, amigos y allegados, si el sentenciado es empresario, sus trabajadores lo sufrirán también, y como estos ejemplos muchos más. **Todos son también victimas indirectas pero no solo del delito que se ha cometido por su allegado, sino también del sistema de justicia penal.**

Por eso creo que es hora de apostar por una reforma de la justicia, eso si no encubierta para acabar siendo más de lo mismo, porque entonces no serviría de nada. La idea es dar más voz a las víctimas, que ellas puedan decidir si desean que su caso sea tratado con un enfoque restaurativo, eso sí, informándolas someramente de los muchos beneficios que esta justicia tiene para ellas. ¿Cuáles son estos beneficios?

Las victimas van a ser escuchadas y sus necesidades atendidas, lo que es un paso importante para que puedan superar el delito. Howard Zehr, el "padre de la Justicia Restaurativa" así lo ha establecido, añadiendo además que cuando se trata con victimas a veces no se encuentran las palabras, sin embargo, la mayoría de ellas pasan por una serie de etapas desde que sufren el delito.

Según Howard pueden llamarse "viaje" porque dependiendo de las personas, para unas victimas cada etapa o viaje será más largo o más corto.

Estas etapas serían:

1. **Viaje al entendimiento**

2. **Viaje al honor**

3. **Viaje reivindicativo**

4. **Viaje hacia la justicia**

En la **primera y segunda etapa**, las víctimas se enfrentan a un proceso psicológico e interno en el que su necesidad primordial es intentar convivir con lo que han sufrido y poder superarlo. Se trata de reconstruir la historia, incorporando el delito como una parte más de sus vidas y trayectorias personales, además se intenta transformar la humillación, que supone sufrir un delito en honor (no es algo deshonroso ser víctima, sino que es un honor poder superar el trauma y salir adelante)

En la **tercera etapa**, las víctimas reflejan el proceso interno de las dos anteriores etapas en el mundo exterior a través de las reivindicaciones. En este momento, las víctimas necesitan saber que una persona (infractor) es la responsable. Necesitan que desaparezca el desequilibrio de poder entre ambos (victima e infractor) y que la balanza se equilibre lo más posible.

En la **cuarta etapa**, en la que el delito ha llegado a los tribunales (a la justicia), las víctimas tienen una serie de necesidades, según mi experiencia son:

Seguridad, se sienten satisfechas si creen que hay menos posibilidades de que el infractor vuelva a cometer nuevos delitos

Información y respuestas, las víctimas dicen que una de las mayores frustraciones es la dificultad que tienen para encontrar información sobre la evolución de sus casos. De hecho alguna víctima afirma que es lo único que desearían conseguir del sistema judicial.

Participación, necesitan participar y ser consultadas durante todo el tiempo que dura la tramitación. Desean que se las cuente la verdad y se las dé el "poder" para tomar parte en un hecho que las afecta de forma protagonista: el delito.

Muy relacionada con esta necesidad de participación es la necesidad de:

Reconocimiento, las víctimas quieren que se las estimule para sentirse partes de la Justicia. A través de la participación, restauración emocional y reparación material del daño se las está dando el reconocimiento y el valor que tienen como personas y como víctimas para que así la experiencia de la victimización se resuelva de forma satisfactoria. En cuanto a la restauración emocional, se puede decir que mientras los juzgados y los abogados hacen referencia al daño y sufrimiento experimentado y en ciertos casos son adoptadas sentencias con condenas económicas para compensar este daño, las víctimas suelen afirmar que el daño moral solo puede ser sanado por un acto de reparación emocional.

La mayoría de los delitos son estresantes, conllevan sentimientos de vulnerabilidad, enfado, desconfianza, vergüenza o auto culpabilidad.

El problema es precisamente que el sistema de justicia tradicional falla porque trata todas las ofensas de la misma manera, a pesar del diferente impacto que causan en las diferentes víctimas. Por supuesto que en ocasiones, la reparación material también resulta importante para las víctimas, y prefieren que se haga directamente y de forma voluntaria por el infractor. Como se puede ver, la mayoría de las victimas por si solas no buscan más castigo, sino ser tratadas como personas, de una forma más humana y no como meros objetos o pruebas del delito. Lo que ocurre es que la influencia mediática y la desesperación de no tener más apoyos, hace que las victimas clamen por penas más duras, sin embargo cuando todo ha acabado y el infractor ha sido sentenciado, se dan cuenta que el dolor, el vacío y la desesperanza continúa. Por eso se hace más necesario que nunca avanzar hacia una justicia que atienda a las víctimas en cada etapa del viaje a su recuperación, intentando satisfacer sus necesidades de cada momento. *Se trata de cambiar el orden de prioridades primero victimas y luego infractores, más que el que la hace la paga, sería el que la hace debe reparar o hacer algo para compensar su mal comportamiento.*

¿Cómo conjugar los derechos y necesidades de las víctimas con los de los infractores?

Criminología y Justicia, 03 Octubre 2012

"Noelia de Mingo, la médico de la Fundación Jiménez Díaz que mató a tres personas e hirió a otras siete en 2003, saldrá un mes de vacaciones. La asociación de defensa del paciente que se personó como acusación particular ha calificado la decisión del juez de autentica barbaridad y a de Mingo, de peligro real para el resto de los ciudadanos. El equipo técnico que la valora considera que es

necesario que vaya reintegrándose en la vida cotidiana como forma de recuperación. Noelia de Mingo padece esquizofrenia paranoide, enfermedad para lo que no hay cura, tan sólo medidas de control de la enfermedad y dado que el juez considera que sigue siendo necesario la medida de internamiento es un despropósito que se la permita salir."

Este caso se me antoja muy complicado, por cuanto la gran pregunta es **¿qué debe primar la reinserción o la seguridad de los ciudadanos?**

Todos nosotros tenemos derecho a la vida y la integridad física y moral, según dice el artículo 15 de nuestro texto constitucional, además es considerado un derecho fundamental y por lo tanto el estado debe ser el garante último de este. **Si el derecho a la vida y la integridad es un derecho inviolable, todo atentado o puesta en peligro de la vida de los ciudadanos debe de ser castigado y el sistema debe proteger y favorecer la seguridad física y moral de los miembros de la comunidad.** Si esto es así el permiso por treinta días de esta señora, es un peligro real para la vida de todos nosotros. Cualquier **ciudadano puede ser una potencial víctima, y el responsable último de este peligro es el estado** cuando su obligación es proteger a todos los miembros de la sociedad.

Por supuesto la reinserción y la reeducación están también contempladas en la Constitución, pero en este caso estamos hablando de una infractora con graves problemas mentales, cuya rehabilitación es más complicada y difícil de valorar puesto que su enfermedad es incurable, solo se puede controlar.

Por eso se me agolpan otras cuantas preguntas **¿están los psicólogos totalmente seguros que esta chica no supone un peligro en potencia para la gente que se cruce con ella?**

¿Podrían la mano en el fuego por ella? Y lo que es peor ¿tienen claro que solo con la custodia de los familiares es suficiente? ¿No corren también peligro? Reconozco que no soy psicóloga y por eso no sé si estas preguntas tienen realmente contestación pero lo que sí sé es que el cerebro humano es difícil de predecir y si en su día y aunque se sabía que esta chica tenía problemas mentales, no pudieron evitar que cometiera los delitos, no sé si podrían asegurar sin ninguna duda, que han conseguido controlar su enfermedad. Si lo hubieran logrado cesaría la necesidad de internamiento en el centro psiquiátrico penitenciario pero sin embargo, el juez mantiene la necesidad de este internamiento entonces **¿cómo se entiende esta salida de 30 días solo bajo supervisión de la familia, si sigue necesitando estar recluida?**

Y si ocurriera algo ¿quién sería el responsable? Esta chica por supuesto que no, yo diría que el responsable sería el sistema por poner una "bomba de relojería" en la calle con un escaso control pero con un alto grado de peligrosidad. Si pensamos en el futuro y en las generaciones futuras, se debe procurar la curación o al menos en este caso, el control de la enfermedad de esta chica, para evitar que cuando cumpla su condena salga a la calle igual que cuando entró. Solo así podremos poner fin a su peligrosidad, ya que si no intentamos esto, solo retrasaríamos el problema unos años pero no lo solucionaríamos, únicamente lo dilataríamos en el tiempo. *Sería egoísta por nuestra parte limitarnos a condenarla 25 años sin más, por cuando la sociedad estaría tranquila esos años pero ¿y después?*

Es por eso importante conjugar el derecho actual de todos nosotros a sentirnos seguros y a confiar en que el estado nos va a proteger, con el derecho de los que vendrán después a esto mismo y con el derecho de la propia infractora a reintegrarse en la sociedad de nuevo. Sin embargo una vez más se nos está olvidando algo esencial y es el derecho y las necesidades de las víctimas y los familiares de los fallecidos.

Las victimas especialmente de delitos graves tienen una serie de necesidades, la esencial sería que sus familiares fallecidos volvieran y por supuesto que esto no va a suceder, pero también **necesitan reconocimiento y respeto, apoyo y protección**. Estas necesidades precisamente son fomentadas y apoyadas por la Justicia Restaurativa para la cual las víctimas y sus familiares son lo primero, el centro de atención. En este caso, el sistema está teniendo muy poco respeto para con las víctimas de esta chica, porque tal parece que valoran más la vida y el futuro de la infractora que las vidas de los asesinados y lesionados por ella, y para más inri tampoco están considerando como dignas de protección la vida e integridad de todos los demás miembros de la comunidad. Otra cosa sería si esta chica hubiese dejado de ser un peligro real y serio y que se valorara que ya no es necesario su internamiento pero esto no es así, con lo que reitero, que es difícil de comprender como se la da permiso para salir y a la vez se considera que debe seguir internada. También el sistema está fallando en proteger a las víctimas por cuanto al dolor del delito se añade el dolor de sentirse menospreciadas y en cuanto al apoyo que necesitan tampoco lo encuentran, al sentirse que sus necesidades no son tenidas en cuanto o al menos valoradas de igual manera que las de la agresora. Entonces ¿qué hacer con este tema? **¿Abandonar a las víctimas ahondando en su trauma o abandonar a la infractora y condenar así a las generaciones futuras a tener entre ellos una persona que no se ha rehabilitado?**

Está claro que el tema no es fácil, pero estoy segura que se podría encontrar alguna fórmula que conjugue el derecho de las victimas a ser consideradas como dignas de respeto y consideración con el de la agresora a poder reinsertarse en la comunidad sin olvidar, claro está, el de todos nosotros a sentirnos seguros.

Para empezar lo esencial es tener informadas a las víctimas de todos los pasos a seguir, pedirlas su opinión y escucharlas, darlas su "lugar" y al fin y al cabo de esto trata la Justicia Restaurativa. En segundo lugar, hasta no estar seguros de que ciertas medidas no suponen un cierto peligro potencial, evitar tomarlas para no generar así alarma social, especialmente si se trata de esta clase de personas cuya evolución es muy difícil de predecir de forma segura, ya que no hablamos de ciencias exactas. Y sobre todo y por encima de todo, tener en cuenta que las víctimas y sus familiares deben ser nuestra prioridad, además ellos también necesitan reintegrarse en la comunidad, y para esto es necesario que puedan superar el trauma y curar sus "heridas". No ayuda nada a esta rehabilitación, sentirse abandonadas por el estado, que no se las ha protegido lo suficiente frente a la agresora y que es más digna de consideración esta infractora que ellos mismos. Para mí está claro la receta: escucharlas, informarlas y no adoptar medidas que supongan un riesgo, porque por mínimo que sea está ahí, y es muy difícil de olvidar.

Víctimas y medios de comunicación, una relación complicada

Nota del editor

Sin dejar de lado el tema de las víctimas y su recuperación después de sufrir un delito, en los siguientes artículos la autora habla de otra institución que también parece resultar imprescindible en la superación del rol de víctima: pasamos de hablar de la Justicia a centrarnos en los Medios de Comunicación de Masas.

A través de dos artículos no muy extensos, en los que se tratan temas de actualidad, se plasma a la perfección cómo los intereses de los Medios de Comunicación pueden colisionar con los de las víctimas; cómo la búsqueda del morbo televisivo, generador de audiencias desorbitadas, puede empeorar la situación de quienes directamente han sufrido el delito. Como muy bien explica Virginia Domingo, los Medios de Comunicación quitan toda o buena parte del protagonismo a las víctimas para trasladarlo a sus cuotas de audiencia, lo que provoca un olvido de las necesidades básicas de las víctimas. Se produce, en estos casos, un conflicto entre el derecho a la comunicación de dichos Medios y los derechos de las víctimas.

El primer artículo seleccionado habla sobre una miniserie televisiva que se emitió en 2011 sobre los atentados del 11M, hecho que, a ojos de la autora, denota una falta de sensibilidad absoluta con las víctimas de los atentados, que pueden revivir los hechos e incrementar su ansiedad a partir de la visualización de las imágenes emitidas.

Por otro lado, el segundo artículo trata sobre cómo los juicios ultra-mediatizados pueden repercutir en las víctimas. En concreto se habla del mediático proceso judicial a José Bretón por el asesinato (en el momento que se escribió el artículo era aún presunto asesinato) de sus dos hijos, en el que el papel y las necesidades de las víctimas, y en este caso de la madre, se han trasladado a un evidente segundo plano.

Tal como dice textualmente la autora: "esto, lejos de ayudarlas en el camino para luchar por sobreponerse y asumir su pérdida, lo que hace es "gangrenar" la herida y la victimización secundaria (...) aumenta su intensidad".

¿Dónde está el límite?

Criminología y Justicia, 20 Junio 2011

Ayer me quedé impresionada cuando vi anunciada en televisión y para el próximo lunes una miniserie sobre los atentados del 11M. Sé que tendría que estar acostumbrada a estas cosas ya que todo lo que genera morbo es susceptible de aparecer en televisión y en horario de *prime time*. Sin embargo, no puedo entender cómo puede resultar interesante al público ver de forma "teatralizada" lo que aconteció aquel fatídico día y por supuesto tengo mis dudas acerca de si esto no dañará a las víctimas y a los supervivientes.

Ante todo y por encima de todo debería primar el respeto y el derecho de las víctimas y después de un crimen tan atroz es difícil saber si estas personas habrán podido superar su trauma y recuperar cierta normalidad. Solo así puedo entender que el hecho de ver su sufrimiento convertido en "película" no les afecte o les suponga un agravamiento de su situación personal. No obstante, si cada vez que veo el anuncio de la teleserie, me recorre un escalofrío por todo el cuerpo, no dejo de pensar en los que realmente vivieron esta tragedia directa o indirectamente y cuáles pueden ser sus sensaciones.

Lo que más preocupa del sistema de justicia penal es el abandono de las víctimas y la victimización secundaria que sufren tras tener que revivir una y otra vez el delito sufrido, de hecho autores como **Nills Christie afirman que la víctima lo es por partida doble, frente al infractor y frente al estado representado por el sistema de justicia penal.** Por eso creo que el revivir su historia a través de la pantalla, puede suponer a los supervivientes y familiares de unos y otros una "mala experiencia", recordando todo lo malo que el delito trajo a sus vidas.

Quizá muchos lo puedan ver como un homenaje a todos ellos pero yo me pregunto **si no han superado el trauma lo que puede ser homenaje respetuoso puede convertirse precisamente en un volver a ser víctimas de nuevo**, sintiéndose aislados del mundo y de la sociedad porque el daño que sufrieron no se ha asimilado y por tanto, no han podido cicatrizar sus heridas. ¿Qué pasa si el recordar de esa forma tan pública y notoria, les supone un trauma añadido?. ¿Realmente todas y cada una de las víctimas están preparadas para afrontar esta teleserie? ¿Se va a hacer con respeto o sólo va a servir para añadir más morbo a un tema tan trágico en la historia de España?

Es necesario tratar con respeto a toda clase de víctimas, apoyarlas, atender sus necesidades y ayudarlas en el largo camino de poner punto y final para continuar con su vida. Por supuesto, que olvidar no van a olvidar, pero podemos cooperar para que se haga justicia y la mejor forma es teniendo como **objetivo primordial que puedan despojarse del rol de víctimas, recordando el daño de una forma menos dolorosa**. Se trata de darlas un reconocimiento especial porque han sufrido un daño, y se han recuperado, no deben sentir "vergüenza" sino "orgullo" por ser supervivientes. Todo esto se hace muy complicado si su historia se convierte en una especie de "teatro" a través de una película. Deberíamos aprender a poner límites.

Proliferación de juicios "mediáticos" que no benefician a las víctimas

Criminología y Justicia, 26 Junio 2013

Decía ayer en mi blog personal que me estaba haciendo mayor, y lo cierto es que sin lugar a dudas, así es. Hasta donde llego a recordar, antes los juicios penales eran eso: juicios; la prensa si acaso, grababa unos minutos e informaba de su evolución. Pero ahora, esto parece que ha cambiado y son casi como *"reality shows"* y a tiempo real se sabe todo lo que sucede.

Con el juicio en España por el padre acusado de matar a sus hijos, se están traspasando todos los límites de la realidad. Comprendo, como ya he dicho en varias ocasiones, el derecho de información de los medios de comunicación pero lo que no entenderé jamás es que los juicios se sigan casi en directo y se analice de forma sistemática cada palabra, gesto y actitud de acusado, víctimas y testigos.

Parece que se estuviera perdiendo la perspectiva de que se ha cometido presuntamente un delito terrible. **La prensa también "roba" la propiedad del delito a las víctimas y se lo disputa con el estado**, para hacerlo suyo y "desmenuzarlo" de cara a la opinión pública. Si ya Nils Christie advirtió que el estado se apropiaba del delito, en la actualidad me atrevo a decir que al Estado le ha salido un competidor, en la pugna por el delito: los medios de comunicación. Parece que la comisión de un crimen, más si es grave y crea gran alarma social, se ha convertido en un "bien de dominio público" y hay una necesidad y/u obligación de corroborar esto, desgranando hasta el último aspecto del delito, los autores y sus consecuencias.

Y lo que más me llama la atención es algo lógico, si estos días todos los programas están destinados casi en exclusiva a contar lo que ocurre en el juicio y analizar su evolución hasta el detalle más mínimo, es porque la audiencia se "dispara" y los ciudadanos disfrutamos visionando estos programas. El que seamos "morbosos" me preocupa mucho pero lo que más me "quita el sueño" es si desarrollamos al menos, la empatía suficiente durante el visionado de estos programas como para saber que detrás de la parafernalia judicial, hay unas víctimas que sufren y han sufrido, o simplemente nuestra mente se aleja de la realidad y vemos la televisión, pensando que estamos ante una ficción similar a los telefilmes que cada tarde de fin de semana, plagan la programación de las cadenas. Esta es la duda que me asalta y me hace pensar una y otra vez en las víctimas. **No creo que esta forma de abordar el delito y el juicio pueda beneficiarlas, ya que su dolor ha pasado a ser de dominio público y el "duelo" deben compartirlo con todos** los que ven la televisión o leen prensa. **¿De verdad alguien cree que les es beneficioso tener continuamente en la mente el delito u oír aspectos o detalles de la comisión del crimen?** Puedo imaginar lo durísimo que debe ser rememorar una y otra vez los hechos, pensar que quizá no hicieron lo suficiente para evitar el delito (pensamiento lógico en las víctimas) o que si hubieran actuado de otra manera, no habría sucedido, todo ello en un intento de explicar por qué. Esto, lejos de ayudarlas en el camino para luchar por sobreponerse y asumir su pérdida, lo que hace **es "gangrenar" la herida y la victimización secundaria que frecuentemente se produce en la justicia tradicional, en este caso aumenta su intensidad** porque además del juicio como tal, se están produciendo otros muchos paralelos, en cada programa de televisión y artículo de prensa.

La *Directiva de 25 de octubre de 2012, estableciendo las normas mínimas sobre derechos, apoyo y protección de las víctimas de delito* regula claramente este deber de los estados de proteger a las víctimas y sus familiares de una posible victimización secundaria y/o de posibles daños emocionales y psicológicos durante la declaración y cuando testifiquen. A nadie escapa que aunque no llegue a producirse la victimización secundaria, el daño emocional con la transformación del juicio en una especie de "gran hermano" que todo lo ve, puede ser grande e importante. Y aunque el derecho de información es esencial, deberían conjugarse estableciendo unos límites para proteger y respetar a los familiares y las víctimas.

Frente a esto y para los que dudan de los beneficios de la justicia Restaurativa, les diría que esta justicia protege y ayuda a las víctimas porque para ésta lo primero es la seguridad y las necesidades personales de cada una de ellas. Parte de que a cada persona le afecta el delito de una manera diferente y por eso, ofrece una respuesta adaptada a cada una de ellas y sus circunstancias. *Esto evita la victimización secundaria que se suele dar en la justicia tradicional y es a su vez, respetuosa con el dolor de las víctimas.*

Los que critican la Justicia Restaurativa a veces aluden a que supone una especie de privatización de la justicia penal y que es necesario un reproche público. Me gustaría hacer una primera reflexión ¿reproche público? ¿En qué forma? Porque en la actualidad, el caso que se está juzgando es tan público y tan conocido por toda la sociedad, que el reproche público que merecen los delitos, ha trascendido a algo universal en el que todos "juzgan" y ponen en peligro la confidencialidad de los sentimientos de las partes afectadas por el crimen. Me explico; se juzga el delito como un suceso objetivo que ha causado un daño terrible, pero con estos juicios "mediáticos" se está pasando a juzgar sentimientos, opiniones y actitudes de las personas directa o indirectamente afectadas por algo que es subjetivo y que obviamente no se puede analizar de forma objetiva y racional. Por eso, la Justicia Restaurativa ofrece un espacio y fórmulas para que las partes puedan expresarse y desahogarse de forma privada y segura, y sus sentimientos para con la otra parte puedan quedar en la esfera privada pero esto no significa que el hecho objetivo tipificado en la ley, no obtenga su castigo y la sanción penal estipulada. El reproche público si existe en la Justicia Restaurativa, sin embargo, la gestión de los sentimientos tras sufrir un delito o cometerlo, se adapta a cada víctima primero y después a cada infractor. Esto hace que las víctimas se sientan más satisfechas porque esta justicia reparadora es más humana y cercana y no es fría ni ajena al dolor de las víctimas sino respetuosa.

De la misma manera, no es "blanda" con los infractores como puede parecer en un primer momento, sino todo lo contrario, ya que enfrenta al delincuente con sus actos, les hacer ver que han dañado a otro ser vivo y fomenta su responsabilización, algo que la justicia tradicional no hace. Y sino para muestra, un ejemplo ilustrativo; al acusado en el juicio, se le dice que tiene derecho a no declarar y si lo hace, a no declararse culpable, a nadie escapa que le estamos diciendo al infractor que puede mentirnos como quiera y que está en su derecho. Esto para muchos de nosotros y sobre todo para las víctimas, y más si son "legos en derecho" no deja de ser una tomadura de pelo, por mucho que sea algo legalmente establecido en la ley.

La justicia restaurativa crea un ambiente seguro y estructurado en el que la víctima que quiera, de forma voluntaria, va a poder expresarse y obtener respuestas a muchas de sus preguntas, especialmente ¿Por qué a mí? sin evitar la sanción que le pueda corresponder al infractor. Esto es una forma de hacer justicia más digna que hacer de un juicio por asesinato, una especie de "circo" mediático. Sin embargo, no se puede olvidar que no todas las victimas querrán o necesitaran participar en procesos restaurativos igual que no todos los infractores estarán preparados para tomar parte o querrán asumir su responsabilidad, por eso es *importante y necesario que la Justicia penal actual se torne más humana y para esto los valores de la Justicia Restaurativa deberían introducirse en el proceso penal. Así se logrará una justicia más cercana y adaptada a las necesidades reales y expectativas de las partes.*

La mejor prevención del delito: la educación

Nota del editor

En Criminología se suele hablar de tres formas de prevenir la conducta delictiva: por prevención primaria se conocen aquellas acciones dirigidas al tratamiento con el conjunto de la sociedad, destinadas a todos los sujetos sin selección previa; por prevención secundaria las que se centran en grupos de personas con riesgo potencial de convertirse en delincuentes o víctimas; y por prevención terciaria las medidas impuestas a personas que ya han cometido algún acto delictivo. Los tres tipos siempre irán encaminados a anticiparse a la comisión de cualquier tipo de infracción, e incluso de meros actos desviados, y así reducir la delincuencia en su conjunto.

Cuando se habla de Justicia Restaurativa se suele cometer el error de pensar que ésta sólo puede evitar nuevos delitos a través de la prevención terciaria, es decir, del tratamiento con delincuentes. No obstante, la filosofía que impregna la Justicia Restaurativa también contempla otras formas de prevención, en especial en el trabajo con jóvenes, ya que será la educación recibida por éstos la que en mayor medida influirá en su comportamiento futuro. Así, Virginia Domingo explica: "si evitamos que muchos jóvenes empiecen una larga carrera delictiva, todos tendremos más seguridad, más confianza en las personas que nos rodean y en el sistema porque sabremos que hay menos posibilidades de que uno de nosotros nos convirtamos en víctimas."

A través de los dos artículos seleccionados, la autora defiende el importante papel que deben tener los padres para evitar futuros actos delictivos por parte de sus hijos; a la vez que remarca la pérdida de influencia de otras instituciones, con un papel social muy relevante en la educación y convivencia de los menores: la escuela y los Medios de Comunicación.

Como dice el refrán, "más vale prevenir que curar", y la Justicia Restaurativa no se muestra indiferente a ello.

La eduación como medida para la prevención de delitos y conductas violentas

Criminología y Justicia, 20 Febrero 2013

"Las denuncias por agresiones de padres a hijos se duplican en cinco años. La jueza de menores subraya que la violencia intrafamiliar obedece a que los progenitores y la sociedad han relajado el proceso educativo de los niños"

Esto es un resumen de una noticia de mi ciudad, en teoría una población pequeña y tranquila y me va a permitir enlazar con el

final de mi artículo de la semana pasada, en él ya decía que donde
tiene gran eficacia y será de gran ayuda la Justicia Restaurativa es
en jóvenes infractores ¿Por qué?

**Porque esta Justicia Restaurativa pueden suponer en
los jóvenes un punto y aparte en su vida y es más fácil que
reflexionen, se den cuenta del daño real que han causado
y quieran cambiar, despojándose de las posibles
justificaciones que podrían tener en su mente, en relación
con el delito que han cometido.** En ocasiones, los jóvenes
delinquen guiados o influenciados por su entorno y amistades,
otras veces no toman en cuenta que su acción ha sido grave y
piensan que no tiene la importancia que el sistema la está dando.
Con su personalidad influenciable y en formación es más fácil que
la Justicia Restaurativa favorezca su reinserción, ya que la víctima
dejará de ser un objeto aleatorio para ser una persona real de carne
y hueso, con rostro e historia.

Si los fines de las penas son la retribución, prevención y
reinserción, con la justicia penal juvenil con enfoque restaurativo,
la prevención y reinserción van a cobrar gran importancia, lo
que repercutirá de forma positiva en la comunidad. Si evitamos
que muchos jóvenes empiecen una larga carrera delictiva, todos
tendremos más seguridad, más confianza en las personas que nos
rodean y en el sistema porque sabremos que hay menos
posibilidades de que uno de nosotros nos convirtamos en víctimas.
La Justicia Restaurativa por eso favorece una mejor rehabilitación
del infractor puesto que su actitud positiva y constructiva ante el
daño que causó, le va a enseñar que cuando alguien hace algo malo
a otra persona uno se debe responsabilizar por el hecho y despúes
intentar compensar el daño que ocasionó, bien directamente a la
víctima o indirectamente a la comunidad.

**No solo es más probable rescatar al joven de la
delincuencia sino también es algo lógico que la experiencia**

restaurativa le haga una persona con más empatía, respeto a los demás y responsable. Ésta es la Justicia Restaurativa en sentido estricto, referida al ámbito penal y por eso es considerada un paradigma de justicia que se centra en el daño causado y las acciones requeridas para reparar este daño. Los delitos no sólo vulneran una norma creada por el estado sino que causan un daño a la víctima y los ofensores deben tomar responsabilidad por su conducta y deben tener una oportunidad de reparar este daño. En los casos de violencia intrafamiliar de hijos a padres, mencionados en la noticia, es esencial este enfoque restaurativo ya que el delito no solo vulnera la ley, y daña a la víctima sino que daña a la familia y su convivencia, quiebra muchos pilares importantes entre personas destinadas a entenderse o al menos a mantener un lazo ya que tienen relación de parentesco. La Justicia Restaurativa o la justicia penal juvenil con enfoque restaurativo debe o al menos debería primar para además de castigar al joven si fuera necesario, se consiga prevenir nuevas conductas delictivas y a su vez intente que el joven se conciencie del sufrimiento y dolor que su conducta está causando en su entorno más cercano.

Incluso la retribución o castigo debe guiarse con este espíritu restaurativo que le permita al joven asumir que la pena impuesta es algo merecido pero que si quiere cambiar, se le va a dar una oportunidad y la sociedad y su familia va a apoyarlo. Por eso es necesario despojarnos de ideas preconcebidas, como que la Justicia Restaurativa es solo mediación víctima-infractor, sino que es algo más grande, ya que esta justicia aborda de manera global e individualizada cada delito, y por supuesto es aplicable a cualquier infracción penal con independencia de su gravedad si la víctima así lo desea y si el infractor asume al menos parte del delito que cometió.

No obstante, en casos como delitos de violencia intrafamiliar o en otros delitos cometidos por jóvenes, es posible **adelantar tanto la prevención general como la especial de una manera destacada y actuar a priori antes de que determinadas situaciones conflictivas se conviertan en delito (se trata de intentar evitar la escalada del conflicto).**

Aquí estoy hablando de Justicia Restaurativa en sentido amplio y cultural, como filosofía que busca transformar las bases de la injusticia y construir paz y no se limita, obviamente, al ámbito penal. Con esta visión de la Justicia Restaurativa, se trataría de ver y conocer las causas del conflicto y sus consecuencias. Se basa en la cooperación de todos para conseguir ciudadanos más maduros y responsables. Sería un marco filosófico que apunta a la sabiduría de saber buscar la solución a los conflictos naturales de la vida cotidiana mediante el lenguaje como instrumento para entendernos. Se define en términos de dialogo, participación en la transformación de las relaciones entre los miembros de la comunidad. Esta dimensión la Justicia Restaurativa es cultura que educa previniendo conductas violentas y enseñando los beneficios del diálogo y el acuerdo.

Para casos como el de la noticia, estoy hablando de educar a los niños y jóvenes en valores restaurativos para hacer valer lo que ya adelantó Pitágoras de forma sabia, al decir *"Educad a los niños y no tendréis que castigar a los hombres".* Esta educación se debería hacer extensiva a muchos padres para que se recuperen los roles de cada uno dentro de la estructura familiar, los progenitores son padres y no amigos y su misión es guiar y educar a los hijos se trataría de evitar lo que la juez decía en su explicación "la relajación en la educación de los hijos".

Y para no tener que denunciar a un hijo por un delito, es importante prevenir estas conductas, por eso la Justicia Restaurativa en sentido cultural cobra un papel destacado, educando a los hijos desde pequeños, enseñándoles que el conflicto es inherente al ser humano y que la forma de afrontarlo es a través del dialogo no la violencia. Estoy hablando de construir la casa con unos cimientos sólidos que eviten que se destruya por cualquier tormenta o pequeño terremoto. La familia y el colegio son dos entornos donde los niños y jóvenes pueden aprender a convivir pacíficamente y a hacer frente a los problemas de una manera responsable. Pero por supuesto, es necesario que los profesores recuperen su papel de educadores, evitando quitarles la autoridad que tenían en épocas pasadas al igual que los padres deben volver a ser padres.

Una vez más tengo que hacer referencia a ciertos programas de televisión que muestran a jóvenes conflictivos, no sé muy bien si suponen una ayuda en este proceso de educación o más bien son un arma de doble filo, no tengo claro el alcance beneficioso o su posible efecto llamada para otros jóvenes caprichosos. Lo que si tengo totalmente claro es que estas dos vertientes de la Justicia Restaurativa son importantes a la hora de atender a jóvenes que desgraciadamente llegan al sistema penal porque ya han delinquido pero también son de gran ayuda para los demás chicos, evitando que lo que empieza como un joven conflictivo o problemático se convierta en un delincuente. Estos dos planos de la Justicia Restaurativa se complementan y pueden actuar de forma conjunta para así abordar del delito, su origen y sus consecuencias de una forma más adecuada para cada caso concreto y cada parte y sus circunstancias.

No obstante tratándose de niños y jóvenes no debemos olvidar nunca que su educación determina muchos aspectos de su personalidad y a buen seguro que un ambiente familiar constructivo (sin volver a una rigidez extrema) y de respeto, favorecerá futuros adultos sanos y alejados del delito.

"Algo mal estaremos

haciendo..."

Criminología y Justicia, 23 Junio 2011

Desde que ayer escuché que dos niños de 13 años apalearon a un compañero discapacitado de la misma edad, además de someterle a múltiples vejaciones sobre mi cabeza ronda una aseveración: "algo mal debemos estar haciendo..."Ayer oí como la madre del menor agredido decía que su hijo estaba muy asustado, pues claro su hijo como víctima debe de estar "espantado" y con un miedo terrible y por supuesto que necesita todo el apoyo y ayuda posible. Pero además cualquiera de nosotros con un mínimo de empatía debemos de estar asustados y yo añadiría preocupados.

Sí, estoy preocupada y horrorizada de ver cómo niños tan pequeños muestran tal grado de violencia y tan poca empatía hacia sus semejantes. Si estos jóvenes no son capaces de ponerse en el lugar del otro, no saben lo que es el diálogo, comunicación... estamos perdiendo a estos niños para un futuro porqué cualquiera de nosotros tendrá en mente, si hacen esto de jóvenes que no harán en su vida adulta. Yo también me siento posible víctima y si no hacemos nada para recuperar a estos niños como seres humanos nuevos, estaremos propiciando un futuro con personas no reintegradas en la sociedad de forma adecuada y potencialmente peligrosas para nosotros, nuestros hijos, familiares y allegados. Por eso, cada vez tengo más claro que hay una forma de hacer justicia de la que os hablo muchas veces, más humana y que por descontado atiende las necesidades de las víctimas de una forma más eficaz: se trata de la justicia restaurativa o restauradora.

Estos niños no pueden ser juzgados por ser menores de 14 años, sin embargo, lo que sí pueden y debemos hacer es intentar que asuman su responsabilidad, se den cuenta del daño que han causado a otro ser humano para que se pueda desarrollar en ellos un sentimiento de empatía que les lleve a no cometer de nuevo hechos similares. Solo así se estará haciendo justicia no sólo con la víctima sino también con nuestras generaciones futuras y por supuesto que también con los infractores. No quiero con esto intentar minimizar la conducta de estos jóvenes, ni considerarlos como víctimas ni mucho menos centrarnos de forma exclusiva en ellos olvidando a la víctima. Al contrario, la víctima necesita ayuda para superar el trauma dejar de tener miedo, y ayudando a los infractores en gran medida ayudamos a la víctima porque si conseguimos que estos chicos asuman lo que han hecho, intenten reparar en la medida de lo posible el daño que han hecho comprometiendo a no volver a hacerlo, la víctima podrá recuperar su sentimiento de seguridad (sintiendo que se está haciendo justicia) y no sentirá que estos han quedado impunes o con una simple expulsión del colegio.

Debemos empezar a pensar en **educar seres responsables con independencia de que por su edad o circunstancias los hechos no puedan tener repercusión penal** y sobre todo que el objetivo final sea la reparación o compensación a la víctima tanto de forma material como emocional. He de comentar, que desde mi experiencia no hay nada más difícil para un infractor que enfrentarse a sus actos, ver que sus hechos han causado un mal a alguien como él y querer de forma voluntaria hacer algo por la víctima para aminorar el daño.

Además de estos chicos, hay otras víctimas que deben tener participación directa en todo el proceso de autoresponsabilización voluntaria de los infractores y de superación del trauma de la víctima y estas personas son los padres de una y otra parte. Me parece un buen paso que los padres de los menores ya hayan pedido perdón a los padres del menor agredido y al propio menor, es importante no sólo por el hecho en sí, sino para mostrar también a sus hijos que todos nuestros actos tienen consecuencias y que se debe ser valiente y asumirlos. Es algo importante para empezar pero que no se debe quedar ahí, y debe de ir más allá. Esto que os cuento puede sonar a puro "cuento" pero es posible y desde luego es una buena forma de hacer justicia teniendo siempre como objetivo principal atender a la víctima.

Lógicamente no todos los infractores se concienciaran pero desde luego es una victoria importante para todos nosotros si conseguimos que al menos uno lo haga y por supuesto un autentico logro poder apoyar a la víctima de una manera tan humana, para que, en especial en víctimas tan jóvenes puedan recuperar la normalidad en su vida después del hecho, algo importante para su desarrollo personal y social.

También creo que debemos reflexionar acerca de si estamos educando bien a los jóvenes y sobre todo si nuestra sociedad con tantos avances los está malcriando, quizá es hora de recuperar algún valor educativo de antaño (que los niños vuelvan a ser hijos y los padres, padres no colegas o amigos y por supuesto devolver a los profesores su autoridad, ya que juegan un papel clave en la formación de nuestros jóvenes).

Nos debería preocupar no sólo reformar continuamente las leyes, más castigo... (cada cosa en su justa medida) sino **recuperar valores, educación, respeto... para evitar y prevenir en lo posible esta clase de conductas abominables. Esto es una forma de crear un futuro mejor** con una sociedad más humana, se trata de pensar en la prevención del delito, adelantando esta prevención de una forma considerable.

Como dijo Pitágoras: "educad a los niños y no tendréis que castigar a los hombres"

Justicia y sociedad en España

Nota del editor

En el presente capítulo se han seleccionado dos artículos que tratan sobre la más que complicada relación entre el sistema de Justicia y la sociedad en España. No estamos haciendo ningún descubrimiento si afirmamos que la relación que guarda la ciudadanía con la Justicia está más que deteriorada: la población suele percibir el sistema judicial como algo ajeno al mundo real y, en muchas ocasiones, como algo que, además, no satisface las necesidades de los usuarios que acuden a ella. Virginia Domingo, tras su experiencia como juez sustituta entre los años 2003 i 2011, reflexiona sobre el porqué de dicho distanciamiento entre sociedad y Justicia, y se plantea qué medidas se podrían tomar para mejorar la percepción que la población tiene de la citada institución.

En este caso, los escritos seleccionados no intentan encontrar la solución definitiva a la cuestión, ni a cómo mejorar la situación; sino que brindan algunas reflexiones sobre el tema que, derivadas de la experiencia de la autora en el mundo jurídico, devienen pequeñas propuestas de mejora, tanto dirigidas a los usuarios de la Justicia como a la misma institución. Una de dichas propuestas, como hemos visto en el transcurso de la obra, es el impulso de los procesos restaurativos, que ayudará a satisfacer en mayor medida las necesidades de las víctimas y, por consiguiente, su percepción del sistema de Justicia.

El segundo artículo concluye con una pregunta abierta, que la autora plantea con la intención de inducir al lector a la reflexión sobre el asunto.

¿Somos tan punitivos como parecemos?

Criminología y Justicia, 22 Febrero 2011

Me gustaría compartir con vosotros la pregunta que me hago habitualmente: *¿realmente somos tan punitivos como parecemos?*

En un principio se podría decir que sí, efectivamente si miramos a nuestro alrededor sería posible asegurar, e incluso afirmar, que si pudiéramos nuestra ley sería la del Talión.

Sin embargo, hay que tener en cuenta una serie de factores, y es que cuando se sufre un delito, automáticamente uno se convierte en víctima y desde ese momento se empieza a pensar como le gustaría a uno que se recordara lo sucedido y lo que sucederá.

Se tienen sentimientos encontrados de miedo, vulnerabilidad, vergüenza e ira. La "sed de venganza" se convierte en un sentimiento habitual en las víctimas y sus allegados. El error puede ser cuando se intenta demonizar y calificar como un sentimiento malo y negativo estas ganas de venganza, esta hostilidad.

¿Por qué? Porqué como seres humanos que somos, es parte de nuestra naturaleza tener ciertos sentimientos o incluso pensamientos calificados como "políticamente no buenos", pero también es verdad que el ser humano puede razonar, dejarse guiar y evolucionar, y el trabajo de los profesionales de la justicia, debería ser dar la oportunidad a las víctimas para que de la hostilidad y la ira pasen a la reconciliación, especialmente consigo mismos. Estos sentimientos si bien parecen antagónicos son las diferentes paradas en un mismo camino hacia la restauración emocional de estas víctimas tras el daño sufrido.

En ocasiones me preguntan si muchas víctimas acceden a participar en un proceso restaurativo, aunque pueda parecer extraño a simple vista, son muchas las que acceden y eso que a veces lo hacen por mera curiosidad, y diciendo que ante todo desean que el infractor pague lo que les ha hecho. Lo que hacemos nosotros no es decirlas que no deben tener estos pensamientos sino animarlas a que cuenten todo lo que sienten... y es que para sorpresa de muchos, las víctimas de delitos suelen desear sobre todo una reparación moral que comienza siendo escuchadas porque al final comprenden qué ocurre en un proceso penal: el juzgado le dice al infractor qué ha hecho mal, pero no va a dejar a las victimas mostrar a este delincuente por lo que están pasando debido a su mala conducta, y es que realmente la mayoría de las víctimas no quieren más condena, quieren que el infractor reconozca lo que han hecho, esto tan sencillo y a la vez tan complicado, para las victimas supone un reconocimiento como personas, transformar la humillación en honor, la ira en superación.

Por eso las muchas de las personas que reclaman penas más duras y más castigo, en realidad nunca han sido víctimas y nunca han pasado por un proceso penal en los tribunales.

A estas personas les ofrecería dos opciones de justicia:

1. **una justicia centrada en la reparación del daño**, (demostrando así que la preocupación principal es la victima) y en la reintegración de esta víctima, y si es posible del infractor (demostrando que nos preocupa el bienestar y la seguridad de la comunidad, y deseamos un mundo mejor con menos infractores cometiendo delitos y con menos victimas aisladas de su entorno porque no han superado su trauma)

2. **una justicia que concibe el delito como una violación de la norma, en la que el estado es la víctima y se centra de forma exclusiva en qué castigo se va a imponer al infractor.**

Muchas veces oigo que no hay justicia, que no se ha hecho justicia, por eso qué mejor forma de tomar conciencia de qué es justicia que participar activamente en la toma de decisiones, esto se consigue con la Justicia Restaurativa, ya que lejos de dejar que todo se haga por terceras personas ajenas totalmente a las partes, con esta justicia se va a asumir una posición madura y responsable participando de forma directa en todo el proceso (en el plan de reparación del daño, en el compromiso del infractor para con la victima...) Quien sabe si a través de esta Justicia Restaurativa, (opción 1º) la opinión del ciudadano sobre la justicia pueda mejorar...

Acerca de cómo las personas solo se ponen de acuerdo en que no hay justicia

Criminología y Justicia, 10 Marzo 2011

Actualmente, al menos en nuestro país, hay **una excesiva judicialización de los conflictos**. Cualquier problema, por nimio que sea, es susceptible de acabar en los tribunales en forma de juicio de faltas. Esto supone que los juzgados se colapsan con asuntos menores en una proporción evidentemente apabullante de un 30% de delitos y un 70% de faltas.

Muchos de estos casos son problemas derivados de la convivencia vecinal, amistades que se rompen... en definitiva conflictos lícitos y normales como seres humanos que somos, y que llegan al sistema judicial penal en forma de insultos, amenazas, pequeñas peleas. (Nuestra mentalidad ha cambiado, con el devenir de los tiempos, pues hace unos años no tantos, por ejemplo, que el vecino, te llamara fea y gorda, podía afectar en lo más íntimo de tu orgullo y por supuesto que con seguridad jamás volvías a dirigirle la palabra, pero era algo que quedaba ahí y como mucho en una retaila de insultos hacia su persona como compensación... ahora claramente se va a denunciar porque se cree que el juez restaurará el honor mancillado por este vecino).

Aunque esto no es el mayor problema, el gran disgusto es que las personas creen que en un juicio van a encontrar la solución definitiva al tema, creen que van a poder explicar al juez con lujo de detalles por qué ha sucedido los hechos, la relación con el contendiente, incluso que podrán narrar de forma exhaustiva la evolución de su relación con la otra parte... en definitiva tienen **tantas esperanzas en el juicio que es descorazonador ver que rara vez cubrirán sus expectativas. ¿Por qué?**

Durante el juicio se va a dilucidar si en definitiva sucedieron o no los insultos, las amenazas (el hecho sancionado penalmente) pero no se va a tratar de resolver el problema que subyace.

Además, las partes suelen tener una relación previa que muy difícilmente pueden romper (son vecinos de un mismo lugar, familiares, compañeros de trabajo...). **Acudiendo al juzgado lo más probable es que el conflicto se "enquiste"** y se entre en una espiral de denuncias cruzadas nada beneficiosas ni para ellos mismos ni para las personas de su entorno, ya que estos también sufrirán el problema e incluso tendrán que tomar partido por uno u otro. Esto pone en peligro la armonía y convivencia pacífica de la comunidad en la que se hayan las partes en litigio. Y algo que es más grave y no se puede olvidar es que se puede llegar a dar lo que los expertos llaman la "escalada del conflicto", es decir, lo que empezó siendo un problema menor puede acabar en algo más violento si los ánimos de las personas se "encienden"´.

Esto es lo que normalmente suele suceder; sin embargo, me gustaría comentar lo que me ocurrió en una ocasión en que actué como juez, y celebraba juicios de faltas. Como tantos otros casos, eran dos vecinas, años y años de denuncias en los juzgados traducidas en juicios de faltas de todas las clases y colores, en esa ocasión eran insultos tales como loca, borracha, etc. Ante este panorama, cuando era juez yo siempre me planteaba dos opciones: castigar a las dos partes o absolver a las dos partes, en el caso concreto viendo lo liviano de los hechos, y queriendo pacificar en la medida de lo que mi posición de juez me lo permitía, hablé a ambas señoras y las comenté que las iba a absolver a las dos, que no iba a multar a ninguna e ilusamente las espeté a que solucionaran sus problemas de convivencia vecinal... pues bien, para mi sorpresa y los de las personas ese día presentes, las dos buenas señoras salieron cogidas del brazo y profiriendo insultos hacia la justicia en general y hacia la persona de la juez en particular. Como lo estáis leyendo, tras años de peleas y encuentros en los juzgados, el sistema de justicia tradicional y una servidora en particular consiguieron que se pusieran de acuerdo en que la justicia es mala, que no hay justicia... y que la juez era una ca... no sigo por no ser grosera con los lectores de esta pequeña y humilde reflexión acerca de la justicia y el ser humano. Cuando salí de mi asombro pensé que no hay mal que por bien no venga, pero desde entonces me asaltan unas preguntas que no he logrado resolver ¿qué es justicia? y ¿qué esperamos de la justicia? Si alguien me puede ilustrar acerca de alguna de estas dos cuestiones... lo agradecería.

Justicia y política en España

Nota del editor

El capítulo anterior constataba que la relación entre Justicia y sociedad está deteriorada. No es mejor la situación existente entre Justicia y política. Es evidente que la administración de Justicia depende directamente del poder legislativo o, dicho en otras palabras, las leyes con las que trabaja la Justicia obedecen a las decisiones tomadas por los grupos políticos. Para un correcto funcionamiento del sistema judicial es imprescindible que se promulguen leyes adaptadas a las necesidades sociales. No obstante, ésta no suele la razón que motiva los cambios legislativos. En lugar de ello, en los últimos años se ha optado por un aumento desorbitado de las penas, que la autora define como "innecesario e injustificado", motivado por un supuesto reclamo popular. Dicho fenómeno es conocido como populismo punitivo, y se da cuando los gobiernos optan por la vía de endurecer las penas con la finalidad de conseguir popularidad, es decir, votos.

Para tratar dicha relación, en ocasiones problemática, entre Justicia y política, se han seleccionado dos artículos muy personales de Virginia Domingo, que plasman a la perfección su preocupación por la forma en que el poder legislativo ha olvidado las necesidades reales de la sociedad, y concretamente de las víctimas, para centrarse en el aumento constante de su popularidad.

El segundo artículo seleccionado para el presente capítulo es uno de los más personales de toda la antología. Coincidiendo con el inicio del año 2012, la autora enumera sus deseos, en relación a los cambios legislativos, para el Año Nuevo; deseos íntimamente ligados a todo lo tratado hasta el momento, en los que el impulso de la Justicia Restaurativa tiene un papel fundamental.

Cuando los políticos solo nos "venden humo"

Criminología y Justicia, 12 Octubre 2011

No hay duda estamos en época de elecciones, es la conclusión que se puede extraer de las palabras de Federico Trillo cuando hace unos días dijo *"que su partido propondrá la cadena perpetua revisable como pena máxima"*.Según él, *"catorce países europeos ya cuentan con la cadena perpetua revisable y la apoya el 82% de la opinión pública"*

"Esta cadena perpetua existe en países como Francia, Reino Unido, Alemania y Holanda y consiste en una pena de prisión perpetua que pasados unos años-el plazo es diferente en cada país-es revisable: si el preso tiene pronóstico favorable de reinserción puede acceder a la libertad, sino sigue en la cárcel"

Parece increíble pero así es, últimamente todo vale, se hace cualquier cosa como confundir a la población, sí, porque tanto algunos políticos como medios de comunicación, nos hacen creer o al menos deducir que en España, las penas son muy blandas y que cometer un delito sale muy barato, así además de votos y audiencia, generan un movimiento popular en pos de un endurecimiento de las penas muy rentable y a todas luces innecesario e injustificado.

¿Y por qué digo que se confunde al ciudadano? Porque en la práctica la consecuencia es que en los países donde existe esta cadena perpetua revisable, difícilmente un reo pasa en prisión más de treinta años, sin embargo en España tras las sucesivas reformas hechas sin orden ni concierto, la pena máxima por delitos más graves es de cuarenta años. Por tanto, se está jugando con la falta de información del ciudadano, vendiéndonos tan sólo "humo".

Pero aparte de la falta de rigor sobre esta cuestión, lo más preocupante es que pensaba que la Constitución era casi intocable (digo casi, porque ya se ha visto que cuando los políticos quieren no hay nada imposible), y es que en **nuestra norma fundamental se proclama la reeducación y reinserción de las penas privativas de libertad, como no podía ser menos en un Estado Social y Democrático de Derecho como es el nuestro. Entonces ¿qué reinserción se puede intentar, no digo ya conseguir, de alguien condenado a cadena perpetua, por mucho que se llame revisable? ¿Eso queremos realmente, tener gente en prisión de forma indefinida?**

Vidas que con una oportunidad para el cambio quizá podría haberse vuelto "productivas" para la sociedad, con esta medida se perderán para siempre. (En lugar de centrarnos en lo que podrían hacer bueno en un futuro, estamos condenándolos para siempre por el mal que hicieron en el pasado).

Lógicamente, no todos son recuperables para vivir de nuevo en comunidad, pero con la cadena perpetua se privará a los que sí pueden ser reinsertables de una oportunidad para la transformación personal.

Lo que no entiendo cómo pueden ni siquiera pensar en ello, porque están haciendo quebrar el Estado Social y de paso perjudicándonos a todos nosotros. **Sinceramente, prefiero intentar la rehabilitación de los infractores que mantenerlos en la cárcel de por vida ¿por qué? Primero y siendo "egoísta", esto es mucho más barato, y segundo siendo todavía "más egoísta", si conseguimos que al menos, unos pocos se reintegren de nuevo en la comunidad, me sentiré mucho más segura porque habrá menos delincuentes reincidiendo.** Sin embargo, al privarlos de esta posibilidad de reintegración, los condenamos a una vida de exclusión y a todos los ciudadanos a sentirse en potencial peligro, puesto que todos pueden ser futuras víctimas de estos infractores, que por mucha cadena perpetua revisable, acabaran saliendo de prisión, pero sin futuro ni esperanzas, y no hay nadie más peligroso que quién siente que ya no tiene nada que perder.

Si preguntamos a las víctimas, la mayoría dirán que lo que desean es que el infractor reciba su castigo, por supuesto y que además no lo vuelva a hacer, para ello digo yo ¿no sería mejor propiciar que el delincuente asuma su responsabilidad por el daño que ha causado, se comprometa a repararlo y a no volver a hacerlo? Con esto ganaríamos todos un poquito y sería bastante más barato. Es descorazonador ver cómo mientras existe una corriente mundial hacia la Justicia Restaurativa, en España se quiere ir a contracorriente y encima en oposición a la esencia de nuestros principios básicos constitucionales.

Si eso es lo que quieren nos deberían decir claramente que **estamos pasando de un estado social a un estado penal y**

policial. Entonces añadiría alguna sugerencia a esta nueva configuración del estado además de la cadena perpetua revisable... ¿qué tal pena de latigazos? Para políticos, altos cargos, empresarios y demás gente corrupta y amiga de sustraer lo ajeno, generalmente lo que nos pertenece a todos. No suelen ser reinsertables en la sociedad, por cuanto casi nunca reparan y devuelven lo sustraído y pocas veces se arrepienten (por cierto admito sugerencias en torno a las posibles sanciones... latigazos es una idea...). Esto es lo que hay si desean un estado policial, que lo hagan para todos los infractores porque tristemente tal parece que también hay delincuentes de primera y de segunda clase.

Solo pido sensatez y respeto a unos valores que, al fin y al cabo, son buenos para todos y, sobre todo, no jugar con los sentimientos de los ciudadanos, ni con lo que está de moda en un momento dado.

Mis deseos para una nueva justicia en el 2012

Criminología y Justicia, 04 Enero 2012

Año Nuevo, ministros nuevos, incluido nuevo ministro de Justicia, por eso y ante la proximidad de la llegada de los Reyes Magos, me gustaría hacer mi lista de lo que quiero para la Justicia en este año 2012 y por supuesto los siguientes años.

Me gustó la primera afirmación del Sr. Ministro de Justicia, don Alberto Ruiz-Gallardón: *"pocas y buenas leyes"*, sí señor, esto es importante por cuanto de nada sirve hacer más y más leyes, si luego se regula en exceso haciendo imposible su aplicación o se dejan tantos vacíos legales que al final, no se sabe que se puede o no hacer con esa ley.

Por tanto, en este sentido me pareció interesante su idea, sin embargo todo mi gozo en un pozo, cuando escuché otros comentarios.

Ayer oí, que entre otras cosas **"está estudiando habilitar el mes de agosto para reducir la litigiosidad"**, si efectivamente esta es la idea estrella para luchar contra la gran carga de trabajo que afrontan los juzgados, yo me pregunto ¿eso es todo? Porque al menos en el ámbito penal y después de varios años trabajando en ello, los servicios de Justicia Restaurativa han demostrado que más allá de su ayuda a descongestionar los juzgados, son una necesidad para los ciudadanos. Sin embargo, de momento no sólo no han dicho nada al respecto, sino que el Ministro de Interior, dijo **"que se va a reformar el Código Penal para tratar de forma efectiva la multireincidencia y se hará lo antes posible. Así los ciudadanos se sentirán más libres y seguros".**

Me da mucha tristeza que piensen que con esto la gente se va a sentir más segura ¿**realmente creen que el endurecimiento de las penas, reduce la delincuencia? ¿Y que esto va a servir para que el ciudadano se sienta más satisfecho?** Por supuesto que no, esto es lo triste, que hay un claro distanciamiento entre la Justicia y los usuarios (víctimas). Un claro ejemplo de esto es la ley de protección integral contra la violencia de género, el aumento de las penas no ha disminuido los casos sino que todo lo contrario, y por supuesto las víctimas no se sienten más seguras. Esto debería indicarles a nuestros políticos que algo falla de forma clamorosa.

Entiendo que endurecer las penas es una política que agrada a mucha gente y por lo tanto esto se traduce en más votos, pero estoy segura que estas personas que claman por penas más duras nunca han sido víctimas o si lo han sido, no han obtenido de la Justicia Tradicional lo que necesitaban para superar el trauma del delito, es decir la justicia penal tradicional no ha satisfecho las expectativas que tenían cuando acudieron a ella, con la esperanza de que su caso fuera atendido de la mejor manera posible.

Las víctimas tienen una serie de necesidades y por supuesto que una de ellas es la seguridad, pero ésta va relacionada con el hecho de que haya menos probabilidades de que el delincuente vuelva a cometer nuevos delitos. Si este infractor pasa más tiempo en la cárcel, supondrá una ligera tranquilidad para la víctima, ¿pero por cuánto tiempo? Porque cuando salga de prisión, desgraciadamente esto no es sinónimo de que abandone la vida delictiva.

En cambio con la **Justicia Restaurativa**, se da una oportunidad al infractor (independientemente de que tenga sanción penal) para que se responsabilice del hecho, tome conciencia del daño, y se convierta en agente activo y comprometido en sus **obligaciones con la víctima y la comunidad (les permite reconocer el valor intrínseco de la persona y su capacidad para rectificar su propia conducta). Este es un proceso voluntario, en el que nadie obliga al infractor, por lo que es más factible que si accede a tomar parte, se opere en él un cambio positivo hacia una vida alejada del delito.** Es aquí en este caso, cuando no sólo la víctima directa sino la comunidad en general, se va a sentir más segura por cuanto muy probablemente habrá un delincuente menos, que tras hacerse responsable del daño, habrá comprendido que no tiene derecho a seguir perjudicando a otros seres humanos.

Por supuesto que la amenaza de penas más duras, podrá surtir efecto en algún infractor ya que si tiene miedo a esta amenaza, valora las posibilidades de que le capturen, quizá desista de cometer el delito pero si deja de tener miedo a la amenaza, esto puede ser "un arma de doble filo" y al ver que irá a la cárcel y que no tiene nada que perder, sus acciones se pueden volver más crueles y querrá no dejar testigos o hacerles la vida imposible para que no declaren contra ellos.

Por eso, comprenderéis que **yo me sentiría más segura si se da una oportunidad al infractor (por mucho que sea reincidente) de cambiar y reparar o compensar el daño causado a las víctimas y la comunidad, otra cosa es que este delincuente no quiera participar en estos procesos restaurativos, entonces para esto, está la Justicia Penal tradicional. Si optamos por combinar ambas formas de ver la justicia, estaremos además de cumpliendo con el mandato constitucional, de reeducar y reinsertar a los infractores, propiciando que el concepto y la imagen que el ciudadano tiene de la justicia mejore enormemente. Porque será una Justicia más cercana y humana y no tan fría y distanciada de la realidad de las personas.**

Por eso y para el nuevo año me gustaría recordar al nuevo ministro de Justicia, una serie de deseos que me encantaría, se pudieran cumplir por lo menos en parte.

Por favor, Sr. Ministro **no parcheen las leyes** porque al final ya nadie sabe qué está y no está en vigor ¿no sería mejor por ejemplo...digo yo, un código penal nuevo?

Me encantaría que alguna de nuestras **leyes del SXIX se cambiara por una del SXXI** porque la sociedad, el mundo y todos nosotros, no somos iguales que nuestros antepasados... me estoy refiriendo expresamente a la Ley de Enjuiciamiento Criminal.

He oído que quiere hacer un **estatuto de víctimas**, esto es un gran acierto y aplaudo su iniciativa. Pero ojalá y aprovechando esta ley y la directiva sobre víctimas que se está discutiendo en el Parlamento Europeo, **incluya referencias a los procesos de Justicia Restaurativa**; porque éstos son un gran beneficio para las víctimas y por tanto debería garantizarse el derecho universal de todas, a acceder a estos servicios si así lo desean.

Sería importante que no sólo se hablara de mediación penal pues esta es sólo una herramienta más de esta justicia y no la más restaurativa, si queremos la mayor protección posible a las víctimas, debería hablarse del concepto amplio.

También otro de mis deseos sería que **no se viera la Justicia Restaurativa exclusivamente como una forma de evitar el colapso en los juzgados, ya que ni esto es la única solución ni es su objetivo primordial, el fin de esta justicia es trabajar por y para las víctimas** y si en este proceso conseguimos que haya un infractor menos delinquiendo, todos ganaremos porque evitaremos ser futuras y potenciales víctimas de ese infractor.

Por supuesto que **no se puede limitar los casos susceptibles de Justicia Restaurativa a delitos de escasa entidad y faltas o contravenciones, dependerá de las partes y de las circunstancias de cada asunto más que del tipo de delito.** Para empezar es normal que se comience por casos leves pero la experiencia de otros países demuestra que lo importante es que la víctima quiera participar, si es así, es beneficioso para ella, y no somos quién para decirla a una de ellas que no puede participar en un proceso restaurativo porque su delito ha sido demasiado grave... ya que entre otras cosas esto ¿no sería una revictimización?

Habría muchos otros deseos que ojalá se cumplieran en Justicia pero de momento y después de cinco años trabajando en esta forma de ver la justicia, sería un gran regalo para todas las víctimas directas del delito, para sus familiares y allegados que también sufren las consecuencias del delito y para toda la sociedad, **la implantación oficial y legal de la Justicia Restaurativa, porque así se sentirán efectivamente más seguras, satisfechas y libres.**

Actualidad española

Nota del editor

Los artículos seleccionados hasta el momento han mantenido una relación directa con temas de Justicia, concretamente con la Justicia Restaurativa. No obstante, para percibir el alcance de la obra de la autora, resulta conveniente que el lector conozca todas y cada una de sus vertientes como escritora. Así, los dos últimos capítulos se dirigen a mostrar otra cara de la autora, quien también analiza temas de actualidad, tanto a nivel estatal como internacional, no necesariamente vinculados al ámbito jurídico. Con dicha finalidad, se han seleccionado dos artículos sobre la actualidad española, y dos sobre actualidad internacional.

En el presente capítulo, sobre temas de actualidad en el estado español, se han recopilado dos artículos en los que la autora analiza acontecimientos recientes, que han generado un gran debate y una notable diversidad de opiniones entre la población:

El primer artículo analiza el movimiento del 15M, también conocido como "Democracia Real Ya", y muestra la perspectiva analítica de la autora sobre las movilizaciones que tuvieron lugar en una gran parte de las ciudades españolas durante el año 2011.

El segundo artículo estudia los sucesos que tuvieron lugar en algunas ciudades de Andalucía en verano de 2012, en los que algunos miembros del Sindicato Andaluz de Trabajadores asaltaron diversos supermercados afirmando que los alimentos hurtados serían ofrecidos a personas con necesidades económicas graves.

Como veremos, la autora, cuyo punto de vista está basado en argumentos consistentes, se muestra en un caso favorable y en otro contraria a los sucesos analizados.

¿El pueblo "soberano" está hablando?

Criminología y Justicia, 18 Mayo 2011

Estos días estamos asistiendo a lo que parece una lógica "rebelión" del ciudadano ante la situación del país y la "aparente" incompetencia de nuestros políticos. Se llaman Democracia Real Ya y creo que aparte de grupos antisistema que se puedan camuflar para cometer sus fechorías, es un movimiento esperanzador para todos, pues significa que seguimos aquí, ¡aún estamos vivos! y podemos hacer algo por nosotros mismos sin ser "manipulados" y/o "utilizados".

Realmente si observamos nuestra vida, podemos ver que **nos hemos acostumbrado a un estado casi paternal que se ocupa de nosotros** o al menos eso dice, y nosotros poco tenemos que opinar al respecto, como mero ejemplo: si tenemos un conflicto vamos al juzgado como primerísima opción, allí todo se gestiona por terceros, y nosotros, los dueños del problema poco podemos opinar, lo mismo sucede si pensamos en la situación política y económica del país, todo se hace por los gobernantes, políticos, sindicatos... Y aunque aparentan recabar consenso por el interés del ciudadano, en realidad no podemos decir nada y tampoco se nos escucha, y encima es el ciudadano de a pie el que tiene que soportar de forma directa las malas gestiones, la crisis, las medidas para frenarla. Si vamos a los medios de comunicación dependiendo del color político de sus dirigentes las noticias ira hacia un lado u otro.

No pongo en duda que deben existir unos mecanismos y una estructura para que un país funcione, un poder legislativo, ejecutivo y judicial, pero también cada uno de nosotros debemos ser responsables y tener la posibilidad de expresarnos, no dejando todo el peso en manos de terceros. Como profesionales de la Justicia Restaurativa, precisamente lo que propugnamos es la devolución a las personas de la capacidad de decidir, de tratar y solventar los problemas a través del diálogo y la comunicación, de autoresponsabilizarse. Si vamos al ámbito de la justicia penal, actualmente el estado te dice: "muy bien, puedes denunciar un delito, y automáticamente nos vamos a encargar de todo, eso sí tu opinión y tu participación va ser escasa y restringida, en cambio si no denuncias estarás totalmente sólo con tu problema". Extrapolando esto a nuestro país y nuestra situación económica y social, continuamente oímos que la situación va a mejorar, pero no vemos que sea verdad, al menos a corto plazo. La cruda realidad es que los políticos se enfrentan entre ellos por el poder, y su "aparente preocupación por el ciudadano" desaparece una vez que lo han conseguido. Para colmo las medidas anticrisis jamás les llegan a ellos y a los ciudadanos de a pie, si... por eso *¿por qué no puede hablar el pueblo cuando hay una situación difícil* *que los afecta directamente: la crisis, y los "terceros ajenos" al hecho, en teoría encargados de remediarlo no hacen nada o al menos nada efectivo?*

Si estos "terceros" no son responsables es hora de poner nuestro granito de arena y asumir nuestra obligación de cooperar para que la solución llegue lo más pronto posible. Y una primera forma de hacerlo es mostrar este descontento al político y al gobernante, este descontento debe servir para que se tenga en cuenta al ciudadano para la mejor resolución del problema. *No es una llamada a la REBELIÓN sino una llamada a la sensatez y a crear una sociedad más madura, fuerte, responsable y unida.*

¿El fin justifica los medios?...solo si soy político y quiero publicidad

Criminología y Justicia, 15 Agosto 2012

"Continúan los ataques a supermercados amparados en el camino abierto por el SAT (sindicato andaluz de trabajadores) con el alcalde de Marinaleda y diputado andaluz por IU, Sánchez Gordillo)" "Ya se ha producido los primeros efectos de su desafío a la justicia: al asalto a un supermercado Coviran, la pasada semana, se suman ataques-pintadas a dos centros de Mercadona y a una furgoneta de reparto de Valencia". "Las patronales del sector consideran que promover estas actuaciones rompen

con los principios más elementales de la convivencia en un país democrático".

Podríamos pensar de una forma romántica en Robin Hood, incluso me viene a la mente Errol Flyn, con sus mallas verdes, robando a los ricos para dárselo a los pobres, pero claro esto no es una película, ni estamos en épocas pasadas de represión de un señor feudal, estamos en un país democrático.

Por eso cobra más importancia que nunca una pregunta: **¿el fin justifica los medios?**

En mi opinión bajo ningún concepto, y mucho menos en este caso, que el fin no es claro ¿estos señores buscan lo que dicen? No lo creo, lo que es seguro es que buscan protagonismo y publicidad y hasta si me apuran votos...el objetivo que dicen buscar, queda en un segundo plano y al final "flaco" favor van a hacer...porque ¿alguien va a aceptar alimentos robados, cuando hay ONGs, asociaciones e incluso la Iglesia que realizan esta labor, de dar comida a los necesitados pero sin cometer delitos, sin dañar a otras personas y por supuesto sin darse estos "baños de publicidad"?

Muchos podrían defender estas acciones pensando en el hurto famélico o por necesidad, que está recogido por la jurisprudencia del Tribunal Supremo, en sentencias como la del 9 de diciembre de 1985. Bien, estas sentencias establecen los requisitos de este hurto y son:

• Realidad, gravedad o inminencia del mal que se trata de evitar

• Que se actúe a instancias o impulsos del estado de precariedad, penuria o indigencia en que se halle el sujeto activo o su familia

• Que no se trate de una mera estrechez económica, más o menos agobiante

155 Justicia Restaurativa, mucho más que mediación

• Que se pruebe que se han utilizado todos los recursos que en la esfera personal, profesional y familiar podían utilizar antes de hurtar

• Que haya otra solución que la de proceder de modo antijurídico

• Que las cosas o bienes se dediquen a las necesidades primarias del sujeto y su familia

Estos señores no cumplen estos requisitos bajo ningún concepto, porque además hurtan supuestamente para terceros. Sin embargo, se quejan de políticos y gobernantes y su "cabecilla" es diputado, ¿entonces este señor no podría utilizar su cargo para conseguir convenios y acuerdos con centros comerciales y supermercados y así ceder los productos que ya no vendan, por ejemplo? Esto sería lo lógico y lo normal, pero por eso mismo solo estaría cumpliendo con su trabajo y su deber, por ser un cargo público, y esto no "vende", no hubiera salido en prensa, ni ahora mismo estaríamos hablando de él.

Como ciudadana, me siento indignada y una víctima utilizada por estos señores ¿Por qué? **Nos están utilizando**, sí, una vez más se valen de nosotros, están haciendo uso de las penurias, la mala situación económica de muchas personas (víctimas de la crisis y de las injusticias de la sociedad actual) **para justificar sus "acciones propagandísticas" y para hacerse los "héroes". Pero aún así, nos están causando un daño moral y generando en nosotros más inseguridad.**

¿Qué pasa con el efecto llamada? ¿Y si algunos amparados en esto, les da por cometer actos más violentos? Esto ya ha pasado como lo reflejan las noticias y además esto se puede agravar. ¿Qué pasa con los trabajadores de los supermercados, personas normales que solo van a su puesto de trabajo para ganarse un sueldo? ¿Estas acciones que acaban resultando violentas e incluso dañando a alguno de ellos, no es un perjuicio colateral inaceptable? Lógicamente si pensamos en un supermercado (no vemos una víctima porque no personificamos) pero si vemos un trabajador ¿acaso no son víctimas? Por supuesto que lo son, y por partida doble: porque por hacer su trabajo son agredidos verbalmente e incluso físicamente y porque psicológicamente parecen reprocharlos su actitud de hacer su trabajo e intentar evitar lo saqueos.

¿Qué pensarían estos señores si les estuvieran robando, y la policía no intentara evitarlo, mirando "para otro lado"? También podría decir la policía, ¡no! no haremos nada, porque pobrecito el que os roba es porque lo necesita.

¿Qué sería de la sociedad? ¿Qué pasaría con un país? Mal podríamos convivir, si cada uno amparado por un "supuesto fin bueno", incumpliera la ley a su antojo.

Todos debemos cumplir las normas para poder vivir en paz y armonía. Al fin y al cabo, es lo que estamos tratando de **promocionar con la Justicia Restaurativa, que la gente dialogue, aprenda a convivir pacíficamente, a comunicarse de forma no violenta, y a tener empatía ¿se han puesto estos señores en los "zapatos" de los trabajadores de los supermercados? ¿Se han metido en la "piel" de los que necesitan realmente alimentos para subsistir pero no polémica y propaganda barata?**

Por supuesto que no, y lo que es más triste es que estas personas por sus cargos deberían dar ejemplo de convivencia, esto nos frustra a todos los que estamos intentando transmitir a los ciudadanos, a los jóvenes unos valores restaurativos, que nos permitan lograr una sociedad más segura, responsable y madura.

Estas actitudes inmaduras claramente no ayudan y como dice el Tribunal Supremo sería el último recurso al que recurrir, y mira que el señor este lo tiene fácil, goza de un cargo público y de ciertos recursos que los ciudadanos de a pie, no tenemos, y sin embargo, ha optado por acudir a lo que genera a la larga, violencia y polémica, han optando por cometer un delito, por lo que al final, no van a ayudar a nadie ya que no habrá ni una entidad de ayuda a los necesitados, que acepten cosas robadas, así su teórica ayuda se quedará en eso: teórica.

Lo peor es que se podrían haber arrepentido, decir que lo que hicieron no estuvo bien pero que actuaron como acto de llamada de atención, pero al contrario se justifican y llaman al que todo el que lo necesite, lo haga. Esto no es una forma de solucionar un problema, sino es **como "matar moscas a cañonazos"** y así están haciendo que un problema preocupante, escale hasta límites insospechados sino se pone freno.

Luego dirán que están preocupados por la violencia de los jóvenes, el aumento de la delincuencia y la inseguridad de la sociedad, con estos antecedentes muchos se van a amparar en ellos para delinquir y para otros, lo que están transmitiendo es "que todo vale". Es muy difícil con personas así promocionar los valores de la Justicia Restaurativa y a pesar de que la idea romántica de robar a los ricos para dárselo a los pobres, nos pueda resultar atractiva, hay daños colaterales : las víctimas directas de estos hurtos, los que hurtan guiados por el entusiasmo, "mal entendido", muchos de los cuales estoy segura que no han sopesado ni valorado que su conducta va a tener castigo penal, y toda la sociedad está en peligro porque lo que se *extrae de estas conductas es una promoción de la delincuencia . Si queremos una comunidad más pacífica, no se pueden permitir conductas como estas y mucho menos cuando esconden debajo de sus supuestos objetivos buenos, otros no lo tanto: que hablen de ellos.*

Actualidad
internacional

Nota del editor

Last but not least, el último capítulo del libro se centra en algunos temas de actualidad internacional, que la autora analiza a la vez que expresa su punto de vista, posiblemente compartido por gran parte de los partidarios de la Justicia Restaurativa.

Si los artículos seleccionados en el capítulo anterior discuten temas que han generado debate, no se quedan atrás los recopilados en este último. Los dos artículos seleccionados tratan sobre un par de sucesos vinculados a los Estados Unidos: la muerte de Bin Laden, en 2011, y los atentados de la maratón de Boston, en abril de 2013.

En el primer artículo Virginia Domingo analiza la muerte de Bin Laden sin juicio previo, y expresa cómo esto puede afectar a las víctimas directas de los delitos cometidos por él; así como a las indirectas, todo el conjunto de la sociedad.

El segundo artículo, el cual trata sobre los atentados de la maratón de Boston de 2013, analiza dicho suceso a la vez que reitera, como en capítulos anteriores, el papel esencial que deberían jugar los procesos restaurativos, también en casos tan graves como éste.

Dos artículos que aplican todo lo tratado hasta el momento, y permiten al lector reflexionar sobre cómo funciona nuestro mundo... y cómo la Justicia Restaurativa podría contribuir a su mejora.

¡A los leones!

Criminología y Justicia, 11 Mayo 2011

Llevo varios días reflexionando acerca de la muerte-asesinato de Bin Laden y la verdad es que las conclusiones a las que llego me asustan tremendamente. En mi mente se agolpan imágenes de películas de romanos en las que el pueblo y gobernantes vociferan mientras los leones se comen algún "cristiano".

¿Qué nos está pasando?

Reconozco que cuando me enteré de su muerte me alegré, algo lógico puesto que soy una persona y como tal es normal tener sentimientos negativos, máxime hacia asesinos despiadados como Bin Laden. Y por supuesto que para las víctimas este sentimiento de querer venganza es algo habitual. El error sería considerar estos sentimientos como algo malo, ya que todos, víctimas directas y demás miembros de la comunidad, somos seres humanos pero de la misma manera podemos razonar, evolucionar y pasar de la hostilidad y la ira hacia la reconciliación, como paso previo a la "curación" de las heridas que el delito ha dejado. Me estoy refiriendo a la reconciliación de las víctimas consigo mismas, dejándose de sentir culpables por lo que ocurrió y poniendo un punto y seguido al trauma del delito, no se trata de olvidar sino de recordar sin el dolor y la amargura que se genera en un primer momento, se trata de reinscribir la historia, incorporando el daño sufrido como una parte más de su vida.

Siguiendo este razonamiento: **¿Por qué la muerte-asesinato de Bin Laden no es positiva?** Primero obviamente porque ha sido un asesinato y eso pone a los estados al mismo nivel que los terroristas, volviendo al "ojo por ojo y diente por diente" y esto nunca ha sido una solución eficaz. Además, para los seguidores del terrorista su asesinato hará de él un "héroe", muerto por su causa, lo que para las víctimas supone una nueva herida porque lejos de tener un responsable por el daño que se las ha ocasionado, lo que han creado es un "mártir".

Ayer escuché a Pilar Manjón, presidenta de la asociación de víctimas del 11-M: *"las víctimas del terrorismo yihadista preferirían que Bin Laden hubiese sido juzgado"*, totalmente de acuerdo. Quizá los que no hemos sido nunca víctimas, no lo podamos entender pero las que sí lo han sido, por supuesto que sí. Todas las víctimas tienen una serie de necesidades, y una de ellas es sentir que se ha hecho justicia y que ellas han participado en todo el proceso, desean en definitiva que el autor del delito se responsabilice del daño o que al menos la ley declare que es culpable y responsable y en este proceso es esencial que puedan ser escuchadas. Sin embargo, el asesinato de Bin Laden las ha privado de poder tomar parte, y de sentir que se está haciendo justicia, reivindicándose como personas, sintiéndose "protagonistas" al ver que la persona que las ha dañado ha sido públicamente declarada responsable, y que además está persona ha sido confrontada con todos a los que ha dañado o al menos con sus familiares.

Lo más triste es que tal parece que algunos estados se han "olvidado" una vez más de todas ellas, y se han autonombrado únicas víctimas del terrorista haciendo su "propia" justicia. Habrán satisfecho su necesidad de venganza pero no han tenido en cuenta que las víctimas reales están ahí, y sus necesidades no han quedado satisfechas, y mucho menos sus expectativas. Así han dejado una herida abierta, muchas preguntas sin resolver o al menos sin ser oídas y nadie ha sido declarado oficialmente responsable o incluso siendo mucho más optimista, las han privado de la posibilidad de escuchar del propio terrorista por qué sus crímenes... algo que para muchas de las víctimas es esencial en el camino hacia la recuperación personal y social. Pero incluso hay otras víctimas que no hemos visto satisfechas nuestras expectativas, todos nosotros somos víctimas secundarias, con cada delito se nos quiebra nuestro sentimiento de seguridad y confianza en nuestros semejantes, con su asesinato no sólo no hemos recuperado el sentimiento de seguridad sino que se ha quebrado un poco más si cabe...

Pero claro para muchos países lo más importante era acabar con su vida, sentenciándole como si de una película de romanos se tratara: "A los leones".

Justicia penal con enfoque restaurativo en casos como el de Boston

Criminología y Justicia, 24 Abril 2013

"El pasado domingo catorce de abril cuando un gran elevado número de corredores participaban en el célebre maratón de Boston explotaron dos bombas que causaron la muerte de tres personas e hirieron a 170, muchas de gravedad con amputaciones de miembros. Los autores fueron identificados y uno falleció y otro tras una larga búsqueda fue finalmente arrestado y se encuentra en el hospital".

Un atentado de estas características genera tras de sí, un gran número de víctimas y grandes secuelas físicas y psicológicas, que serán difíciles de abordar para su tratamiento eficaz. Además de las víctimas directas, las que sufrieron el efecto de las bombas, la sociedad en general cada vez que hay un hecho de estas características sufre y con ello también se convierte en víctima. **A nadie escapa que estos sucesos provocan en todos nosotros, incluso los que vivimos a gran distancia del lugar de los hechos, un sentimiento de desconfianza** (de que si les ha pasado a gente normal, en cualquier momento nos puede pasar a nosotros) **¿Acaso no nos volvemos un poco "paranoicos"?. Imagino a los ciudadanos que más cerca sufrieron el ataque y a los vecinos de los supuestos autores ¿Cómo van a recuperar la confianza en los otros miembros de la comunidad?** Será muy difícil y es lógico que ahora se muestren recelosos de cualquier vecino o persona que aparentemente sea "extravagante" o tenga comportamientos no usuales. Lo normal es que esto, les lleve a ver "fantasmas" donde no los hay.

Más allá del castigo al que parece único autor vivo, **lo más importante es "recomponer" lo más posible la vida de las víctimas, tanto de las directas como las de la sociedad.** El propio presidente de los Estados Unidos así lo ha adivinado, cuando dijo que lo más importante ahora es ayudar a las víctimas a que obtengan respuestas, especialmente por qué (esto es lo que más las puede estar atormentando) es la pregunta que más habitualmente suelen hacerse las víctimas de cualquier delito y que generalmente no logran responder, lo que las causa más frustración, si cabe.

Por eso, la Justicia Restaurativa debe aplicarse en estos casos, por ser necesaria su forma de abordar el delito, poniendo prioridad en las víctimas y en la prevención de nuevos delitos similares. No hablo de encuentros restaurativos entre victimas e infractor, esto es una herramienta de esta justicia y en este caso es poco probable que el infractor asuma el delito y el daño que causó y quiera mitigarlo, aunque nunca debe descartarse del todo porque puede ser necesario para algunas víctimas y puede ser importante que este delincuente vea las consecuencias de su delito y el daño que causó a personas inocentes.

Estoy apostando por una justicia penal con enfoque restaurativo que atienda a las víctimas, a la comunidad y al propio infractor a través de la prevención de nuevos delitos.

Las víctimas necesitan saber por qué, entender por qué suele ser algo esencial para la mayoría de ellas y un aspecto importante en el proceso de recuperación del trauma del delito sufrido. En este caso con mayor motivo, pues el sin sentido de estos ataques terroristas, causan más frustración y las puede llevar al aislamiento y la soledad absoluta. Los sentimientos como venganza e ira pueden surgir y es lo más probable ya que como seres humanos que somos, el dolor no nos deja indiferentes. **Partiendo de estos sentimientos negativos, la Justicia Restaurativa ayuda a las víctimas a ir transformando estos sentimientos negativos y normales en otros más constructivos y positivos, que las va a ayudar a superar o al menos "comprender" que han sufrido un delito**, que no merecían sufrirlo pero que su entorno y la sociedad en general comprenden su dolor, empatizan con ellos y no estarán solos en el arduo camino de rehacer sus vidas. Por eso, lo esencial es que **la Justicia Restaurativa favorece la reconciliación de las víctimas con el mundo** (que dejó de ser un lugar idílico para ellos), **con la comunidad** (ya que uno de sus miembros les ha causado un gran daño), **con sus allegados** (porque suelen sentir que ellos no comprenden por lo que están pasando) **y con ellos mismos** (especialmente es importante que no se "echen la culpa" por haber sufrido el delito, por su cabeza a buen seguro rondaran ideas como: " si no hubiera ido", "si me hubiera quedado en casa". Todo esto es necesario erradicarlo para favorecer esta reconciliación-recuperación). Desde el momento que alguien sufre un delito, se convierte en víctima y en ese momento empiezan a pensar cómo le gustaría que se recordara lo sucedido y lo que sucederá. Esta justicia reparadora por ser más humana y cercana a las víctimas y a la sociedad en general, ofrece a las victimas una visión del delito que genera solidaridad, empatía y gran respeto hacia las que sufren el delito. **Esto las ayuda a transformar los sentimientos negativos de los que hablaba, en otros liberadores como de la humillación al honor y de la ira a la superación**. Gracias a esto, las diferentes paradas en el camino hacia la restauración emocional de las víctimas será más fácil de sobrellevar. Y al final del camino, **la víctima dejará de serlo, para pasar a ser un superviviente.**

La comunidad en especial, la más cercana a donde sucedieron los hechos necesita recuperar la confianza en sus vecinos y en el ser humano en general. Necesitan despejar de su mente la idea que el mundo es ahora un lugar peligroso y que detrás de cada aparente "amable" vecino, puede haber un asesino en potencia. Debemos evitar radicalizarnos y que esta desconfianza ante el temor de sufrir un delito de esas características, domine nuestra vida. Esta "radicalización" puede llevarnos además a cometer injusticias contra todo el que consideremos "sospechoso" o con comportamientos "raros".

La Justicia Restaurativa con su forma de abordar los efectos del delito dando voz a los afectados favorece la recuperación de la seguridad y la confianza de la comunidad y fomenta la recuperación del equilibrio y la armonía individual y social (fortalece el tejido social, haciéndolo más unido ante el dolor pero confiado en que la justicia tratará de evitar que estos sucesos vuelvan a ocurrir, pero sabrán que si suceden, el que los sufra, tendrá todo el apoyo, ayuda y solidaridad necesaria para seguir adelante)

Y ¿qué puede hacer una justicia penal con enfoque restaurativo respecto a infractores tan crueles?

Esta justicia no se centra solo en castigar y en cómo sucedieron los hechos, el delito es tristemente un acto pasado que ya ha causado mucho dolor, por eso lo más necesario es evitar otros hechos futuros similares y nuevas víctimas. **Para ello es esencial el ¿por qué?** Esta simple pero complicada pregunta ayuda a las víctimas directas también a otras futuras potenciales víctimas y evitaría que muchos posibles delincuentes "den el salto" y se conviertan en criminales.

Es esencial acudir al origen de estos delitos, qué puede llevar a chicos aparentemente normales a cometer crímenes tan terribles. Entender el origen de su radicalización, sea por cuestiones políticas, religiosas o de otra índole puede ser un arma fundamental no solo para prevenir nuevos delitos sino para "rescatar" a jóvenes con perfiles potencialmente aptos para sumergirse en entornos radicales que les conduzcan al delito.

Es desolador ver lo influenciables que son algunas personas, especialmente jóvenes, a la hora de cometer y justificar delitos tan terribles, en aras a un fin que ellos suelen considerar loable. Probablemente la familia y la educación que reciben en su tierna infancia, puede ser decisiva para sus futuras tendencias a delinquir. A pesar de que puedan no reconocer el daño que hicieron, el conocer la historia de sus víctimas puede ser algo bueno para intentar llegar a la humanidad y empatía que todas las personas deberíamos tener. Sólo si la empatía no surge, y aunque lógicamente el castigo deben recibirlo, es cuando tendremos que pensar en otras formas para reinsertar a estos delincuentes cuyo fanatismo, parece nublar su visión de la realidad. La Justicia Restaurativa por todo esto, permite la atención a los afectados de

Sobre la autora

Virginia Domingo de la Fuente

(Burgos, 17 de mayo 1975)

Soy periodista frustrada, estudié derecho, por defecto y a pesar de todo, me gustó. Fui durante más de ocho años Juez Sustituta, lo que me hizo ver la realidad de la justicia y su falta de humanidad, así llegué en el 2004 a la Justicia Restaurativa. Actualmente soy la coordinadora del Servicio de Mediación Penal de Castilla y León (Burgos) y presidenta del Instituto de Justicia Restaurativa-Amepax (la entidad que proporciona este servicio). Soy experta y consultora internacional en Justicia Restaurativa. Mediadora Penal y Presidenta de la Sociedad Científica de Justicia Restaurativa. Miembro del Comité de investigación del Foro Europeo de Justicia Restaurativa, participo regularmente en las reuniones de este Foro y he ofrecido varias charlas a nivel internacional, asimismo he realizado diversos trabajos de investigación sobre Justicia Restaurativa y mediación en materia penal. Y sigo luchando porque se regule la Justicia Restaurativa como un derecho más para las víctimas de cualquier delito con independencia del lugar donde lo sufran.

una forma que promueve la recuperación de la armonía social, individual y espiritual.